토기장이

"우리는 진흙이요 주는 토기장이시니
우리는 다 주의 손으로 지으신 것이라"(이사야 64:8)

교회, 난민을 품다

Seeking Refuge:
on the shores of the global refugee crisis

Copyright © 2016 by World Relief
Stephan Bauman, Matthew Soerens, and Dr. Issam Smeir.
All rights reserved.

Korean translation copyright © 2018 by Togijangi Publishing House
Togijangi B/D 3F, Mangwonro 26, Mapogu, Seoul 04007 Korea

This Korean edition is published by the permission of Moody Publishers(820 N. Lasalle Boulevard Chicago, IL 60610) through the arrangement of F. J. Rudy and Associates.

본 저작물의 한국어판 저작권은 F. J. Rudy and Associates를 통해 Moody Publishers 독점 계약으로 한국어 판권을 '도서출판 토기장이'가 소유합니다. 저작권법에 의하여 한국 내에서 보호를 받는 저작물이므로 무단 전재와 무단 복제를 금합니다.

특별한 표기가 없는 모든 성경 구절은 개역개정성경을 인용한 것입니다.

교회, 난민을 품다

스티븐 바우만, 매튜 소렌스, 이쌈 스메어 지음 | 김종대 옮김

토기장이

추천의 글

◆

21세기를 한마디로 정의한다면 난민의 시대라고 할 수 있다. 지금 이 순간에도 중동, 아시아, 아프리카, 유럽에서는 전쟁과 내전, 폭력과 핍박으로 인해 수만 명의 난민들이 생명을 걸고 이주를 감행하고 있다. 2018년 봄, 한국의 제주도에 불시에 입국한 549명의 예멘 난민들은 한국 사회와 교회에 큰 도전과 과제를 함께 던져 주었다. 하지만 과거 난민의 경험을 지닌 한국 사회가 의외로 매우 배타적인 모습을 보여 참으로 안타까웠다. 이 책은 교회가 난민들을 위한 '선한 이웃'이 되어 하나님의 사랑을 전하는 기회를 잃지 않아야 한다고 강조한다. 이제 막 난민 이슈에서 성경적, 사회적 담론을 시작한 한국 교회와 그리스도인들에게 이 책은 난민에 대한 이해와 태도에 있어서 큰 도움을 줄 것이다. 난민은 환대해야 할 우리의 이웃이다. 난민은 인류 공동의 아픔이면서 동시에 희망의 여정이기 때문이다.

박준범 | 제주예멘난민을 위한 사마리안행동 대표

난민 문제는 전 세계 국가들의 과거와 현재와 미래가 치열하게 맞물리는 장이다. 이 책은 회피할 수도 외면할 수도 없는 이 주제에 미국의 그리스도인들이 어떤 고민을 하며, 사회적 반감을 거슬러 사랑과 정의를 증언하고자 노력했는지 일목요연하게 담아내었다. 같은 고민 앞에 서게 된 한국의 그리스도인들에게 더할 나위 없이 필요한 책이다. 이 책은 우리에게 묻

는다. 난민으로 살며 믿음을 지켰던 신앙의 선조들의 이야기로 가득한 성경을 읽고, 이웃을 자기 몸과 같이 사랑하라는 설교를 듣고, 이방인에게 기쁜 소식을 전하라고 가르쳐 온 신앙을 갖고 있는 우리는 지금 이런 이상에 부합하게 살고 있는가? 그러면서 이 책은 그리스도인이야말로 난민들을 두 팔 넓게 벌려 형제자매로 받아들이고, 고난과 위협에 처한 이들과 함께 서고 함께 걷는 이들이 되자고 초청한다. 나는 이 영광스런 초청에 열광적인 '아멘'으로 화답하고 싶다. '지역교회는 세상의 소망'이란 저자들의 확신에 나도 기꺼이 설득되었다.

양희송 | 청어람 ARMC 대표

이 책의 저자들의 활동은 기독교의 환대에 기초를 두고 있다고 말하지만, 책이 다루는 주제는 상당히 포괄적이다. 논쟁적 쟁점들에 대해서도 놀라울 정도로 균형을 유지하며, 탄탄한 실증적 연구결과에 뿌리를 둔다. 특히 법적 지위를 이미 취득하여 정착과정에만 집중하면 되는 재정착 난민들과 달리, 지난한 법적 다툼이 필연적인, 불안정한 비호신청자들이 거의 전부인 한국의 상황만 조금 더 염두에 두고 읽는다면, 이 책은 난민에 대한 거의 모든 쟁점을 포괄적으로 이해하도록 돕는다. 예수님과 원시 기독교 공동체가 이미 난민이었던 기독교의 역사에서 난민을 포함한 낯선 이방인들에 대한 환대는 신앙의 본질이 아닐 수 없다. 역설적으로 난민들에게 가장 날이 선 목소리를 냈던 한국 교회에게, 그리고 난민들에게 환대의 걸음을 내딛으려 하는 모든 그리스도인에게, 또한 기독교를 믿진 않아도 난민과 난민의 정착과정을 이해해 보려는 모든 독자에게 아주 유익한 책이다.

이일 | 변호사, 공익법센터 어필

난민 이슈는 이제까지 우리와는 크게 상관이 없는 문제였다. 하지만 제주도에 도착한 예멘 난민을 어느 정도까지 수용하느냐를 놓고 벌어진 논쟁들을 보며 우리나라가 이런 종류의 문제에 별 준비가 되어 있지 않음을 느꼈다. 이제 복음의 소망을 말하는 교회가 이 부르심에 어떻게 응답해야 할지 본격적으로 고민해야 하는 때가 왔다. 이 책에는 우리보다 수십 년 앞서 문화적 용광로 속에서 다양한 난민들을 하나님의 형상으로 존중하며 그리스도의 사랑으로 품어 낸 저자들의 이야기가 가득 담겨 있다. 특히 세 명의 저자는 그리스도의 몸 된 교회가 이 세계적인 난민 위기 사태 속에서 섬김의 중심에 서야 하며, 또 그렇게 할 수 있다고 격려한다. 또한 정치적, 경제적인 논리로 바라보기 쉬운 난민 이슈에 관해 교회가 감당할 중요한 역할이 있다고 강조한다. 이 책은 복잡한 이해관계가 얽힌 난민 문제를 최전선에서 부딪히며 해결해 간 전문가적인 식견을 잘 보여 주면서도, 나그네를 대접하라는 부르심을 교회 차원에서 연합하여 실천하는 구체적인 방법까지 잘 소개한다는 점에서, 정보와 영감을 동시에 제공하는 보기 드문 탁월한 책이라고 할 수 있다.

이재훈 | 온누리교회 담임목사

우리는 외국인 난민 가운데 범죄자나 테러리스트가 섞여 들어 올 것이라 걱정하며 특별히 무슬림 난민들을 경계한다. 제주 예멘난민 사태를 통하여 시민들은 물론이거니와 한국교회도 이러한 입장에 섰다. 사람들은 멀리 있는 해외난민들은 동정했지만 정작 가까이 온 국내난민들에게는 적개심을 드러냈다. 교회는 미전도 종족 선교를 위하여 전 세계를 품어도 정작 우리나라에 온 미전도 종족 난민들은 만나려 하지 않았다. 급증하는 난민들을 외면하기 어려워하면서도 아직은 낯선 난민 문제로 인해 갈등하는 한국교회에게 이 책에 소개된 미국교회의 난민사역 경험과 난민을 통하여 역사하시는 하나님의 섭리에 대한 통찰은 귀중한 정보가 될 것이다. 이 책을 통하여 난민들은 선교의 대상일 뿐 아니라 선교사요, 핍박을 당하며 그리스도를 따르는 대가가 무엇인지 가르치는 교사요, 가까이에서 만날 수 있는 선교의 현장이며 지상명령의 실천 기회임을 깨닫고 난민을 특별히 사랑하시는 하나님의 마음을 만날 때, 난민은 부담이 아닌 축복이 되며, 난민선교를 통한 부흥이 다시 한 번 한국교회를 새롭게 하리라 확신한다.

이호택 | 사단법인 피난처 대표

이 책의 "예수 또한 난민이었다"는 선언처럼, 오늘 생명의 안전을 간청하며 세계를 떠도는 6천만 난민들의 서사에는 이주하시는 하나님의 얼굴이 담겨 있다. 난민을 '대량 생산'하는 근원적 원인에 대한 분석과 대응은 코스모폴리탄의 과제요, 생명 복음의 담지자인 그리스도인들의 사명이다. 이러한 고민과 소명의식 가운데 이 책은 기독교적 응답이 되어 주며, 하나님의 백성공동체인 교회야말로 난민을 이웃과 가족으로 전환시켜 가는 과정에서 언덕 위의 빛나는 도시가 되어 하나님께 영광을 돌릴 수 있다고 선언한다. 바로 이것이 우리가 생명 죽임의 현실 속에서 생명의 세계관을 담아내는 그리스도의 복음을 부끄러워하지 않는 이유일 것이다. 오늘날 난민들의 서사는 '나'와 세계의 변혁을 위한 새로운 도전이며, 또한 '안방'에서의 환대를 넘어 난민을 만들어 내는 '성문 밖'에서의 환대를 이루기 위한 구조적 불의에 맞설 정책 변화의 기회다. 그런 점에서 이 책은 치유되고 화해된 세상을 희망하는 모든 사람에게, 난민에 대한 차별과 혐오와 배제의 늪에서 출구를 찾는 한국교회에게 귀한 지침이 될 것이다.

이홍정 | 한국기독교교회협의회 총무

작년에 연출했던 다큐영화 "폴란드로 간 아이들"을 취재하면서 한국전쟁 고아들을 부모의 마음으로 품었던 폴란드 교사들을 만난 감동의 여운이 아직도 짙게 남아 있다. 한국은 근현대사의 상처 속에서 수많은 난민을 배출한 나라다. 하지만 최근 예멘 난민들의 제주도 입국으로 불거진 사회적 찬반여론을 접하면서 한국도 이제 전 세계에 불어닥친 난민 사태의 폭풍 속으로 진입한 것은 아닌가 하는 근원적 불안감이 들었다.

그러나 이 책을 읽으며, 이 정체 모를 불안감은 성경에서 근거한 것이 아니라는 것을 깨달았다. 오히려 난민 문제는 천만 명이 넘는 우리나라 기독교 인구 중 안락함을 추구하는 가짜 기독교와 정면으로 맞설 진짜 기독교를 가려낼 다림줄 역할을 하게 되리라는 것을 알게 되었다. 나아가서 이 책은, 쓰나미처럼 밀려오는 난민사태 속에서 세계의 교회들이 두려움 가운데 실제적으로 복음을 적용함으로써 전시용 복음주의에서 벗어나 그리스도의 참 제자가 되는 길을 열어 줄 것이라는 희망을 엿보게 한다.

추상미 | 영화배우, "폴란드로 간 아이들" 감독

난민 문제는 평화, 개발, 인권, 인도적 지원 등 모든 유엔 어젠다가 뒤섞인 이 시대의 가장 핫한 이슈다. 브렉시트부터 시리아 사태, 기후변화까지 모든 것이 난민과 관련된다. 본인 뜻에 반한 정주, 부모 미동반 자녀, 신분, 일자리, 재정착 등 삼중 불안과 청소년의 정체성 혼란은 건실한 세계시민으로의 성장을 막는다. 난민에 대한 고민은 하나님의 형상으로 창조된 인간의 존엄성 보호가 궁극적 기준이고 목표여야 한다. 부디 이 책에 담긴 메시지가 한국 내에 큰 울림을 담은 경고를 전해 주기 바란다. 꼭 맞는 때에 꼭 맞는 사람이 꼭 맞는 주제로 쓴 책이다.

한충희 | 국회 외교특임대사, 전 유엔차석대사

오늘날 미국 난민에 대한 이런저런 말이 많지만 대부분 두려움, 편견 혹은 무지에서 비롯한 것이다. 이들 조합은 사실관계마저 자주 무시할 뿐만 아니라, 그리스도인이라면 품격 있는 삶으로 받아들일 수 없는 무지함을 키우기도 한다. 강렬한 이야기, 개인적인 경험, 사실적인 근거에 기반한 설명, 성경에 충실한 이 책의 논리 전개는 단순히 세상에서 가장 취약한 이들을 받아들이자는 변호의 차원을 뛰어넘어, 난민을 위한 공간을 거부하는(그럼으로써 예수도 거부하는) 그리스도인에게 일침을 줄 것이다.

조셉 캐슬베리 | 노스웨스트대학교 총장

이 책은 교회를 위해 매우 중요한 시기에 나왔다. 정치계와 언론이 전 세계 유례없이 많은 난민에 대해 어떻게 반응해야 하는지 우리에게 그 영향력을 행사하려 들 때, 저자들은 설득력 있는 성경적 기반을 제공함으로 정의와 공의의 성격을 짚어 주며, 그리스도 중심적인 관점으로 이끌어 우리가 행동할 수 있도록 한다. 더불어, 이들의 신중한 분석과 설명은 성령의 변화시키는 능력을 발산하여 난민의 삶 속에, 회중 가운데, 사회를 통틀어 우리에게 꼭 필요한 지식과 능력으로 우리를 무장시킨다. 지금이야말로 교회가 나설 때다.

스티븐 티머만스 | 북미기독개혁교회 사무총장

읽기 편하면서도 유익한 이 책은 세계적인 난민 위기 사태에 관해 궁금증은 있으나 어떻게 해야 할지 모르는 하나님의 사람을 위한 자료다. 저자들의 실제적이고 신실한 조언은 명확하면서도 영감이 넘치고, 지역교회 회중과 그리스도인 시민이 곧바로 적용할 수 있을 정도로 실제적이다. 성경적이며 감동을 주는 이 책을 허락하신 하나님께 깊이 감사드린다.

스테파니 서머스 | 미국공의센터 대표

오늘날 세계 난민 사태에 대해 그리스도인이 어떻게 반응해야 하는지 잘 모르겠다면, 이 책은 그 질문에 공정하고 균형 잡힌 답변을 줄 것이다. 난민이 미국에 입국한 이후의 안보 문제가 걱정이라면, 이 책은 바로 당신을 위한 책이다. 강제로 추방되고 억압받는 이들의 재정착과 관련해 미국이 더 앞장서고 주도해야 한다고 생각한다면, 이 책은 대책 없는 순진함을 바로 잡고 현실적인 어려움은 무엇이며 그에 따른 책무가 무엇인지 알려 줄 것이다. 대학 수업에서도 교회 모임에서도 꼭 필요한 책이다.

셜리 훅스트라 | 미국기독교대학협의회 회장

세계가 역사상 가장 큰 난민 위기 사태를 겪는 상황에서 바우만, 소렌스, 스메어는 교회가 문제 해결의 중심에 있어야 한다고 설득력 있게 주장한다. 성경적이고 선교적이며 많은 팩트로 무장한 「교회, 난민을 품다」를 보면, 교회가 이 나라에 도착하는 난민들을 왜 사랑과 지혜와 용기로 환대해야 하는지 잘 알 수 있다. 그리스도를 따르는 모든 이에게 이 책이 주는 도전을 받아들이라고 격려하고 싶다.

에드 스테처 | 라이프웨이리서치 대표

이 책은 그리스도를 따르는 이들의 양심에 용기와 담대함을 실어주는 선지자적인 도전이다. 개인적으로 내 안에는 예수를 더 닮겠다는 의지와 함께, 오늘날의 교회를 더욱 예수 그리스도의 교회답게 이끌고 싶다는 열망이 일어났다. 미숙한 목소리가 크게 들려올 때, 적절한 행동을 통해 그분의 진정한 능력을 경험할 수 있도록 '세미한 소리'를 따르라고 저자들은 호소한다.

조 앤 라이언 | 웨슬리안교단 총회장

난민 사태의 여파는 시리아를 비롯해 독일, 뉴욕, 아이오와주 등 전 세계 모든 지역사회에 영향을 미치고 있다. 교회가 이 세계적인 위기에서 어떻게 성경적으로 생각해야 할지, 어떻게 반응해야 할지 분별하고 싶다면, 「교회, 난민을 품다」를 읽고 함께 토론하는 것보다 더 나은 방법은 없을 것이다.

마크 갈리 | <크리스쳐니티 투데이> 편집장

난민에 대한 논의는 복잡해지고, 지저분해졌으며, 많은 경우 대립적인 주제가 되었다. 이런 결과로, 지역사회와 세계 속에서 난민이 처한 현실을 비인격화하거나 타인화하거나 무시하기가 쉬워졌다. 내가 이 책, 「교회, 난민을 품다」에 진심으로 감사하는 이유다. 저자들은 현실의 복잡함과 지저분함을 인정하면서도 중요하고 꼭 필요한 정보를 잘 확인하여 현재 우리에게 너무도 간절한 소망으로 인도한다. 몇몇은 이 책을 단순히 난민에 관한 또 하나의 책으로 치부하겠지만, 나는 분명히 말하고 싶다. 「교회, 난민을 품다」는 사실 제자도에 관한 책이다. 우리 모두 그리스도의 제자로서 성숙해 가라는 부르심을 받지 않았는가.

유진 조 | 퀘스트교회 담임목사, 「말하는 대로 살고 사는 대로 말하라」 저자

이 책은 굉장한 예언적인 가치를 담고 있으며, 교회와 이 주제를 다루는 교단 지도자들에게는 필독서다. 우리는 두 갈래 길 앞에 서 있다. 성경은 우리에게 이방인을 사랑하라고 분명히 강조하고 있다. 정부 지도자들이 난민에 관한 합당한 절차는 무엇인지 걱정할 때, 교회는 이 주제를 놓고 '가장 큰 계명'과 '지상 명령'이 어떻게 말하고 있는지에 대해 중대한 관심을 보여야 한다.

알레한드로 만데스 | 미국복음주의자유교회 이민선교부장

그리스도인의 핵심 소명은 하나님을 사랑하고 이웃을 사랑하며, 우리 중 "지극히 작은 자"(마 25:40)를 섬기는 것이다. 이 책은 교회가 자신만의 안락한 공간에서 벗어나 소외되고, 억압되고, 짓밟힌 이들을 환영하고 섬기면서 이웃 사랑을 새롭게 나타내야 하며, 예수 그리스도의 복음을 말과 행동으로 전할 기회로 삼아야 한다고 안내한다. 모든 그리스도인은 어디에 있든지 상관없이 이 소명에 어떻게 응답할 것인지 진지하게 고민해야 한다.

랜디 헐트그렌 | 일리노이주 14지구 연방하원의원,
톰란토스인권위원회 공동위원장, 유럽안보협력위원회 위원

이 책은 위험에서 피신하는 이들을 포함하여 연약한 이들을 돌보라고 외치는 강렬하고 설득력 있는 호소다. 열린 마음과 그리스도를 닮은 선한 양심을 가진 그리스도인이라면 진지하게 읽기를 권한다.

러셀 무어 | 남침례교 윤리와종교자유위원회 회장

점차 이기적인 고립주의로 빠져가는 문화 속에서, 교회는 바로 문 앞에 도착하는 난민들을 위해 모든 것을 쏟아내야 한다. 이 부분에서 실패한다는 것은 곧 예수 그리스도의 몸이 되는 일에 실패한다는 뜻이다. 탄탄한 조사와 저자들의 풍부한 경험에 근거한 「교회, 난민을 품다」는 점점 더 악화되어 가는 국제적인 위기상황 속에서 교회가 어떤 일을 할 수 있는지 준비시키는 역할을 한다. 교회에 없어서는 안 될 책이다.

브라이언 피커트 | 커버넌트대학 챌머스경제개발연구소 회장, 「헬프」 공동 저자

오늘날 난민 사태는 이 세대의 가장 큰 논쟁거리 중 하나가 되었을 정도로 복잡하기 이를 데 없다. 세계가 정치적, 경제적, 문화침투적인 시각으로 이 문제를 바라볼 때, 바우만, 소렌스, 스메어는 교회가 복음의 능력을 발산할 좋은 기회로 삼으라고 그리스도의 제자들에게 호소한다. 「교회, 난민을 품다」는 극심한 궁핍에 처한 이들에게 예수의 사랑과 구원의 능력을 나타낼 수 있도록, 성경적으로 현명한 조언과 효과적인 패러다임을 실제적이고도 설득력 있게 우리에게 제시한다.

조 스토웰 | 코너스톤대학교 총장

이 책은 모든 그리스도인에게 난민과 더불어 삶을 변화시킬 섬김과 공의의 사역으로 초청한다. 우리의 마음과 지역 공동체를 열어 새 주민을 환영할 때 그들의 삶은 물론 우리의 삶도 변화될 것이다. 이방인을 환영하라는 하나님의 소명을 탐험할 준비가 되어 있는 이들에게 이 책을 권한다.

린다 하르트케 | 루터교이민난민서비스 회장 & 최고경영자

「교회, 난민을 품다」는 오늘날 가장 논쟁적인 주제인 세계 난민 위기 사태를 지혜롭게 이해하고 적절히 반응하기 위해 그리스도인이 반드시 읽어야 하는 입문서다. 이 책은 광범위한 주제들을 파헤치면서도 개개인의 사연을 놓치지 않는다. "나그네를 사랑하라"(신 10:19)는 명령을 순종한다는 것이 실제로 어떤 의미인지 알고 싶다면, 이 책을 읽으라.

리치 네이션 | 빈야드콜럼버스교회 담임목사

「교회, 난민을 품다」는 난민 관련 현재 상황이 어떠한지, 세계적인 도전 과제는 무엇인지, 반응은 어떠해야 하는지 등 천국 시민의 올바른 이해를 돕는 자료 가운데 단연 으뜸이다. 바우만, 소렌스, 스메어는 많은 사연과 전문적인 지식을 쉽게 설명하면서 교회에 행동을 촉구하는 동시에 이에 필요한 도움도 제공한다. 정보도 얻고, 도전도 받으며, 믿고 따를 수 있는 책 한 권을 찾는다면, 바로 이 책이다.

J. D. 페인 | 목사, 선교학자

실제 난민이 겪는 어려움과 관련한 사연을 찾는 이들은, "간고를 많이 겪었으며 질고를 아는 자"(사 53:3)인 우리 주님이 그러셨던 것처럼 난민의 얼굴을 직접 들여다보며 그 어려움을 몸소 알게 된 스티븐과 매튜와 이쌈으로부터 친절한 소개를 받을 수 있다. 이 책은 6천만 명의 난민을 그저 통계수치로 치부하지 않으며, 이들의 다양한 현실을 한 가지 부류로 지나치게 단순화하지도 않는다.

데이비드 드루리 | 웨슬리안교단 세계본부 사무총장, 이민자커넥션 설립자

목 차

추천의 글

1. "너희라면 어떻게 하겠느냐?" ──── 017
2. 예수 또한 난민이었다 ──── 035
3. 거기에도 사람이 있다 ──── 061
4. 우리가 두려워하지 않는 이유 ──── 081
5. 난민 재정착 과정: 이방인에서 가족으로 ──── 103
6. 다른 부류의 실향민들 ──── 119
7. 지금이 바로 교회가 나설 때 ──── 135
8. 최고의 치유 경험은 관계를 통해 온다 ──── 157
9. 난민이 발생하는 더 큰 맥락에 대응하기 ──── 183
10. 우리가 할 수 있는 일 ──── 199
11. 세상에서 빛을 발할 기회 ──── 215

부록
감사의 말
주
옮긴이의 말

1. "너희라면 어떻게 하겠느냐?"

♦

오늘날, 전 세계에서 6천만 명 이상은 어쩔 수 없이 자기 집을 등져야만 하는 형편이다.[1] 유사 이래 이렇게 많은 수는 없었다. 대부분은 국경을 넘지 못하고 있고, 약 2천만 명가량은 박해를 피해 이웃 국가로 피난을 떠나며, 이 중 절반 이상이 아이들이다.[2]

사실 이런 통계 수치는 잘 와닿지 않는다. 정작 난민 문제가 전 세계의 유례없는 조명을 받게 된 계기는 개개인의 사연과 사진들이 공개되면서부터였다. 2015년 9월, 세상은 한 장의 사진을 보며 전율했다. 유럽으로 피난을 시도하다 실패하여 터키의 한 해안가에서 차갑게 식어 버린 세 살배기 남자아이, 알란 쿠르디. 언론과 소셜네트워크를 통해서 끔찍한 내전을 5년째 겪고 있는 시리아의 참상이 일파만파 퍼졌다. 이 한 장의 사진으로 수백만 명이 끔찍한 현실을 마주한 것이다. 미국의 영화감독 켄 번즈는 이 사진에 대해 이렇게 논평했다. "실로 한 장의 사진에는 복잡한 정보가 종합적으로 담겨 있다. 우리를 충격에 빠뜨리기도, 사로잡기도 하는데, 잠시 멈춰 서서 삶의 흐름을 되짚어보게 한다."[3]

작은 신발을 신고 빨간색 티셔츠를 입은 채 엎드려 있는 아이의 모습을 보며 우리는 자기 아이를 떠올릴 수밖에 없었다. 우리는 무고한 한 생명의 죽음을 슬퍼했다. 그리고 이렇게 위험한 여정을 강행할 수밖에 없었던 부모의 마음을 떠올리며 몸서리쳤다. '만일 내가 사는 곳에서 아이들에게 비슷한 일이 일어났다면 어떻게 됐을까?' 이런 질문이 무의식적으로 스쳐 가자 연민은 곧 두려움으로 변했다. 하나님은 도대체 왜 이런 끔찍한 불의와 고통을 허락하시는지…. 여기에 대해 하나님은 세미한 음성으로 교회에 이렇게 묻고 계시는 듯하다. "너희라면 어떻게 하겠느냐?"

이 책은 전 세계에서 그리스도를 따르는 사람들에게 성경은 이 주제에 관해 어떻게 말하고, 현 상황과 관련해 정확한 사실은 무엇인지 알려 줌으로써 이 질문에 답을 하기 위해 썼다. 물론 신앙이 있든 없든 이 내용으로 도움을 얻었으면 좋겠지만, 나는 "지역교회가 세상의 소망"이라는 확신으로 이 책을 썼다.[4] 우리는 세계 곳곳에서 예수님의 몸 된 교회가 전 지구적인 난민 위기 사태의 중심에 서야 한다고 믿는다. 우리 세 명의 저자가 몸담은 서구권의 교회를 포함해서 말이다. 난민이 인구의 4분의 1에 육박한 레바논에서 칼럼니스트 마이클 거슨이 말했듯, "미국 교회가 이곳[레바논]과 관계가 없다면, 그들은 어디에서도 그럴 것이다."[5]

미국 시민인 우리(두 명은 이곳 태생이고, 한 명은 귀화했다)는 이 책을 쓰면서 미국을 포함한 캐나다, 유럽 등지의 서구 교회와 그리스도인이 난민 문제에 어떻게 반응해야 하는지 함께 고민하고 싶었다. 최근 시리아를 포함한 전 세계에서 몰려온 10만 5천 명의 난민이 매년 선진국에 정착하고 있으며, 미국에서는 2015년 한 해 동안 약 7만여 명의 난민이 자리를 잡았다. 같은 해에 스스로 유럽으로 건너가 망명 신청을 한 난민의 수는 백만 명이 넘었다.[6] 하지만 전 세계의 강제 이주민 숫자에 비추어 볼 때 이들은 극히 일부일 뿐이다.[7] 대다수 난민은 서구 사회 밖에서, 즉 본국 인근의 개발도상국에서 생활을 이어나간다. 이들 대부분은 난민 캠프나 도시 주변에 터를 잡지만 기본적인 식수나 음식 공급은 매우 열악한 상황이며, 일자리를 구하는 것조차 금지되어 있다. 서구 사회에서 살아가는 그리스도인으로서 우리의 우선적인 책무는 난민이 되어 큰 짐을 지고 신음하는 형제자매들을 돕는 일이 되어야 한다.

저자들이 사는 체서피크 만이나 미시간 호 등 북미 대륙까지 도달하는 난민의 수는 세계의 전체 강제 이주민에 비하면 적은 수이지만, 그들은 가장 가까운 곳에서 우리에게 사랑으로 반응할 기회를 준다. 지역 사회에서 난민을 도울지 혹은 멀리 해외에서 난민을 도와야 할지 사이에서 우리는 고민할 필요도 없고, 고민해서도 안 된다. 우리가 '여기서' 어떻게 행동하는지가 거기에 직접적인 영향을 미치기 때문이다. 전 세계는 미국이 난민을 어떻게 대하는지 주목하고 있으며, 우리가 제 몫을 감당하지 않는다면 미국 정부가 박해받는 피난민을 보호하라며 다른 국가에 외치는 목소리는 신뢰를 잃을 것이다.

우리는 신앙인으로서 곁에 있는 난민들을 환영해야 할 뿐만 아니라 전 세계에서 훨씬 많은 수의 강제 이주민을 섬기는 형제자매들을 도와야 한다. 서구 교회는 단지 재정 지원을 하는 일에 그쳐서는 안 된다. 물론 금전 지원도 필요하지만, 전 세계에서 실제로 나그네를 따뜻하게 대접하며 애쓰는 형제자매들을 본으로 삼아야 한다.

최근 난민 관련 언론 보도는 지중해 연안―특히 시리아 내전으로 발생한 난민 사태, 그 탓에 안전을 찾아 유럽으로 피신한 수십만 명의 난민, 그리고 미국이 과연 이들을 환영해야 하는가를 놓고 벌어진 열띤 토론―에 집중되어 있었지만, 지금의 위기 상황은 그보다 훨씬 광범위하다. 이는 실로 국제적인 위기이며, 아프리카의 키부 호와 탕가니카 호 연안, 동남아시아의 안다만 해와 남중국해 연안, 태평양과 중미 연안 등에도 비슷한 상황이 일어나고 있다.

최근까지 대다수 서구인은 난민 문제를 그저 연민 차원으로만 반응해왔다. 미국의 난민 재정착제도(US Refugee Resettlement Program)는 의회에서 초당적인 지지를 받아왔으며 이 제도를 비판하는 목소리는 소수일 뿐이었다. 또 국경 안보와 불법 이민을 포함한 포괄적인 이민 제도에 대한 논란이 있을 때도 난민 문제는 크게 이슈화되지 않았다. 적어도 사전적인 정의로만 보자면 '난민'은 미국에 온전한 법적 지위를 가지고 들어오는 이들이며, 거의 모두가 박해를 피해 와야만 했던 부득이한 사연이 있어 큰 논쟁거리가 되지 않았기

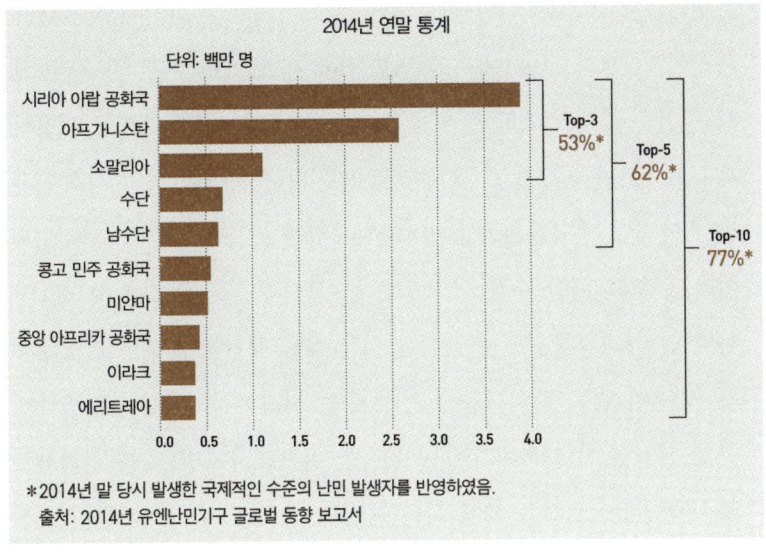

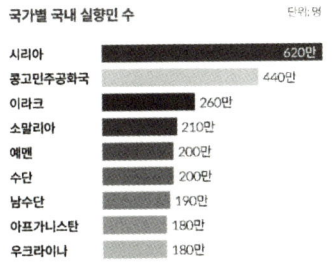

때문이다.[8]

하지만 2015년 후반 들어 난민 정착 문제는 논쟁거리가 되기 시작했으며, 특히 시리아 사태로 유럽으로 몰려드는 망명자들에 관한 소식과 기사가 헤드라인을 도배한 것도 이러한 분위기에 한몫했다. 파리에서, 캘리포니아에서 끔찍한 테러가 일어난 이후 반 난민 정서는 더욱 격해졌고, 많은 이들은 미국의 난민 재정착제도를 이용해 테러리스트가 침투할 수 있을지도 모른다는 의심을 하기 시작했다. 늘 초당적인 지지를 보내온 미 하원에서는 2015년 11월에 시리아와 이라크 출신 난민 수를 극적으로 줄이는 법안을 투표에 부쳤으며, 아예 난민 재정착제도를 일시 중지할 것을 제안하는 법안도 등장했다. 30명이 넘는 주지사들은 자기 주는 시리아 난민 정착에 반대한다고 선언했고, 블룸버그에서 실시한 여론조사에 따르면 53퍼센트의 미국인은 그 다음 해에 시리아 난민 만 명을 정착시키겠다고 선언한 계획을 미국 정부가 철회하길 원했다.[9]

난민과 그들의 국내 정착에 관한 논의는 교회 또한 갈라지게 했다. 많은 그리스도인은 본인과 가족을 보호하려는 본능적인 의무와 약자를 따뜻하게 섬겨야 한다는 책임감 사이에서 괴로워했다. 이 갈등에 그리스도의 제자들이 어떻게 반응하느냐에 따라 '교회란 무엇인가'라는 질문에 대한 답을 다음 세대에 줄 수 있을지를 결정할 것이다.

각자 다른 삶, 하나의 부르심

우리가 난민 사태를 바라보는 시각은 지금 몸담은 '월드릴리프'(World Relief)에서 수년간 지역교회들과 협력하며 난민을 섬기고 재정착하게 하는 일을 통해 형성되었다. 월드릴리프는 제2차 세계대전의 피해와 수백만 명의 난민 발생에 따른 대책으로 1944년에 설립되었다. 보스턴 파크스트리트교회 교인들은 식사를 포기하는 대신 음식에 쓸 비용을 '전쟁구호기금'(War Relief Fund)에 기부하는 일에서 출발했다. 복음주의협회를 통해 연결된 다른 교회들도 여기에 동참하며 유럽 재건에 도움이 되고자 미화 60만 달러—현재 가치로 약 8백만 달러(약 90억 원)—를 함께 모금했다. 시간이 지나며 이러한 희생적인 정신이 가난과 분쟁으로 신음하는 다른 지역에도 뻗어 나갔고, 이 전쟁구호기금은 오늘날의 월드릴리프가 되었다.

1970년대 후반부터 월드릴리프는 미 국무부의 승인을 받아 미국에 난민의 재정착을 돕는 활동을 해오고 있으며, 10개 남짓한 단체 가운데 유일한 복음주의 단체이다. 월드릴리프의 재정착 프로그램은 미국 기독교선교연맹을 통해 수년간 베트남 선교사로 활동한 그레이디와 에블린 맹험 부부가 미국 교회에서 베트남 난민을 환영할 수 있도록 돕는 것에서 시작했다. 맹험 부부는 미 국무부와 그들 교단 및 월드릴리프와 함께 미국 전역의 지역교회를 찾아 다니며 교회가 난민을 환영할 수 있도록 권했다. 이를 시작으로, 월드릴리프는 그동안 수천 개의 교회 그리고 수만 명의 교회 기반 자원봉사자와 함께 27만 5천여 명 이상의 난민 재정착을 도왔다.

우리는 복잡하고 논쟁적인 이 문제를 균형 있게 다루고자 온 힘을 다할 것이다. 안이한 관찰자의 위치에서 난민 문제에 접근하는 것이 아님을 알아주었으면 한다. 세 명의 저자는 월드릴리프에 속해 각자의 위치와 현장에서 난민을 섬기는 일을 하며, 이웃을 사랑하라는 예수님의 명령(마 22:39)을 실천하고자 씨름해왔다. 지역교회의 역량을 강화하여 약자를 잘 섬길 수 있게 한다는 목표에는 한마음이지만, 각자의 특별한 경험과 관점을 잘 활용하여 이 일에 이바지하고자 한다.

스티븐의 이야기

아내 벨린다와 내가 20대 초반이었을 때, 우리는 '머시쉽'(Mercy Ships, 배 안에 모든 의료 시설을 갖추고 주로 아프리카의 항구를 돌아다니며 의료 봉사를 하는 비정부단체-역주)을 통해 서아프리카에서 6개월간 봉사할 계획으로 고향인 위스콘신주의 시골 동네를 떠났다. 나는 직장에서 휴직하고 아내 또한 학교 교사직을 쉬게 되었다. 당시 여행 경험이 많지 않았던 우리는 지금 생각하면 미숙하고 순진했다. 몇 달이 지나지 않아 비정부단체 책임자들은 우리에게 북가나에서 교전 중인 두 부족에게 가는 의료팀을 이끌어 달라고 제안했다. 바로 이곳, 가나의 미개척지에서 우리는 폭력이 어떻게 삶의 터전을 파괴하고 가족을 갈라놓는지를 처음으로 경험했다.

하지만 강제 이주 이슈를 좀 더 진지하게 고민한 것은 그로부터 수년 후, 보스니아 내전이 끝나가던 발칸 반도에서의 활동이 계기가 되었다. 나는 분쟁으로 삶의 터전에서 강제로 떠나야 했던 보스니아, 크로아티아, 세르비아 출신 난민들을 만났다. 그중 몇몇은 거의 죽을 뻔한 경험을 했고, 많은 이들은 가족을 잃었다. 모두가 고향으로 돌아가고 싶어 했지만, 그럴 수 없는 현실이었다.

그중 한 남성은 고향 보스니아를 떠나며 한 손에는 아내의 손을, 다른 한 손에는 아코디언을 잡고 나왔다. 그는 가족을 포함해 모든 것을 잃었지만, 언젠가는 다시 삶을 일으키겠다는 희망을 품고 살아갔다. 아코디언은 그에게 생계 수단이 되었다.

그로부터 20년이 지난 오늘, 나는 월드릴리프의 회장(스티븐 바우만은 2005년부터 2016년까지 월드릴리프 회장을 역임했다. 현재는 스캇 아베이터이다-역주)으로 섬기고 있으며, 우리 단체의 주력 임무는 해외와 국내에서 난민을 돕는 것이다. 미국 내에서, 그리고 강제 이주가 발생하는 요르단, 이라크, 터키, 남수단, 콩고 등지의 최전선에서 동료들과 함께 이 일을 섬기게 된 것은 내게 큰 영광이다.

최근 요르단에서 한 목사를 만났는데, 그분은 시리아 난민 어린이와 어머니들을 위한 교회를 시작했다. 그들에게 생활 기술을 가르쳐 주고 트라우마 극복 활동에 참여하게 하는 등의 노력을 하고 있었다. 하지만 이런 일을 시작하자 많은 회중이 교회를 떠났다. 심지어 아이들마저 교회에 들어오는 시리아 어린이들을 향해 놀려댔다.

"그들은 우리에게 피투성이로 옵니다." 그 목회자는 말했다. 하지만 교회가 더 좋은 방향으로도 바뀌었다고 했다. "수년간 우리는 시리아에 가서 하나님의 사랑을 전하려고 애써왔지만, 번번이 막혔어요. 하지만 이제 시리아가 우리와 교회에 오게 되었습니다." 세계 곳곳에서 이처럼 슬기롭게 대처하는 교회와 함께 일할 수 있음은 특권이다.

이쌈의 이야기

나는 현재 가장 큰 시리아 난민 캠프가 위치한 곳으로 알려진 요르단의 마프라크에서 태어났다. 그러나 내가 태어났을 당시 마프라크는 아무도 들어본 적 없는, 그저 사막 변두리에 있는 조그마한 베두인 마을이었다.

나는 요르단에서 자라면서 전쟁, 위기 사태, 난민 등에 익숙해졌다. 지난 세월 요르단은 분쟁 지역 난민을 위한 평화의 오아시스가 되어 팔레스타인, 레바논, 이라크, 리비아, 시리아 등지에서 오는 수백만 명의 난민을 받아들여왔다. 일곱 살 때, 내가 다니던 교회에서는 내전을 피해 온 몇몇 레바논 가정을 받아들였다. 당시 나는 난민 이슈에 관해서는 잘 몰랐다. 새롭게 사귄 레바논 친구들은 여느 친구들과 같이 마을에 살며 학교도 함께 다녔기 때문이었다. 1-2년 후 그들은 '미국'이라는 먼 나라에 정착하러 떠났다. 그로부터 친구들과는 연락이 끊겼지만, 가끔 이들이 어떻게 살고 있을까 지금도 궁금하다.

'난민'이라는 단어와의 첫 만남은 꽤 개인적으로 다가왔다. 어릴 적, 하루는 잘 모르는 할머니에게 문을 열어 준 적이 있었다. 그분은 색이 화려한 옷을 입고 많은 가방을 들고 있었다. 신기하게도 할머니는 내 이름을 알고 있었고, 나는 엄마를 부르기 위해 집 안으로 뛰어들어 갔다. 엄마는 뛸 듯 기뻐했다. 이분이 바로 내 외할머니였던 것이다. 할머니는 팔레스타인 서안 지역에서 우리를 보러 오셨다. 나중에 알게 되었는데, 나의 부모님은 제2차 중동전쟁 후 서안 지역의 작은 마을인 니스프 주베일을 떠나 요르단에 정착했다. 그들은 고향으로 돌아갈 수 없었다. 그날, '난민'이라는 단어는 나에게 매우 개인적으로 다가왔다. 나 역시 난민의 아들이었던 것이다.

그 일이 있고 25년 후인 2000년, 나는 휘튼대학에서 임상심리학을 공부하기 위해 미국으로 왔다. 당시 이스라엘과 팔레스타인 사이의 평화 협상은 막 결렬되었고, 그 지역에서 들려오는 소식은 영 좋지 않았다. 당시 나를 화나게 하고 비통하게 만드는 기사들을 읽고 듣는 데에 대부분의 시간을 보냈던 기억이 난다. 교수 중 한 분은 수업 전 한 유학생에게 중동의 평화를 위한 기도를 부탁하면서 수업을 시작했다. 나중에 알고 보니 그 학생은 이스라엘 출신이었다.

며칠 후 그 이스라엘 학생은 저녁 식사를 하자며 나를 자기 집으로 초대했다. 그가 나를 초대했다는 사실도 놀라웠지만, 내가 거기에 응했다는 데에 더 놀랐다. 그의 집으로 걸어가는 동안 많은 생각이 떠올랐다. '만약 정치적인 논쟁에 휘말리면 어떡하지? 내게 무례하게 굴진 않을까?'

다행히도 내가 걱정하던 바는 하나도 일어나지 않았고, 행복한 저녁 시간을 보냈다. 식사 후에 그 학생의 아이들과 놀던 중, 이 사람 또한 나와 다르지 않다는 것이 불현듯 다가왔다. 서로에 대해 사실이 아닌 이야기를 너무나 많이 들어온 것이다. 우리는 아버지 세대가 경험하지 못한 기회 앞에 서 있었다.

수년간 우리의 우정은 돈독해져 갔다. 자극적인 뉴스가 나를 이따금 힘들게 할 때면 나는 친구와 그의 가족을 떠올렸다. 그의 존재는 우리가 모두 하나님의 형상을 따라 지음받은 존귀한 존재라는 사실을 일깨웠다. 균형 잡힌 시각을 얻기 위해 나는 그가 필요했고, 그 또한 내가 필요했다. 오늘날, 그때를 돌아보면 내 삶의 다음 여정을 위해 하나님께서 나를 준비시키고 계셨던 것이다. 현재 다른 사람에게 내면의 평화를 찾아 주는 일을 하는 나는, 그때를 계기로 스스로 내적인 평화를 찾을 수 있었다.

미국에서의 공부가 끝나갈 때쯤, 월드릴리프 상담실 실장에게서 연락이 왔다. 재정착은 했지만 낯선 곳에서 적응하는 데 어려워하는 이라크 난민 한 명을 돕지 않겠느냐는 제안이었다. 이 난민은 이라크군 장교 출신이었다. 새롭게 일하게 된 곳에서 적응에 어려움을 겪던 그는 월드릴리프가 새로운 직장을 찾아 줄 때까지 단식투쟁을 벌이겠다고 엄포를 놓은 상황이었다. 이후 나는 월드릴리프에 상담사로 근무하게 되었고, 지난 15년 동안 과거의 트라우마와 씨름하고 또 현실의 난관과 싸우는 많은 난민을 상담해왔다.

그동안 내가 난민들과 했던 일을 잘 표현하는 단어 하나를 꼽으라면, '사연'(stories)을 들 수 있겠다. 나와 시간을 보낸 난민들은 한 가지 공통점이 있었는데, 그들 대부분은 끔찍한 트라우마와 상실과 관련한 사연이 있었다. 날마다 많은 이들이 날 찾아와 여러 사연을 털어놓았다. 젊은 엄마들은 아이를 버려야만 했던 상황에 관해, 남자들은 감옥에서 반복적인 강간을 당한 경험을, 남자아이들은 수개월 동안 정글 속에서 피할 곳을 찾아다니며 친구들이 야생 동물에게 산 채로 잡아먹히는 장면을 목격한 사연도 이야기했다.

하지만 또한 모든 난관을 헤치고 승리한 사연도 많았다. 나는 새로운 부류와 일하는 것을 즐기는데, 아프리카에서 수십 년간 제도상 노예였던 소말리아 반투족과의 만남은 특히 흥미로웠다. 그들은 케냐에서 몇 년간 텐트를 치고 살다가 미국으로 왔다. 이 나라에서 그들은 수백 년 벌어진 기술 격차를 따라가야 했다. 소말리아 반투족 어린이들이 미국에 온 첫날, 샤워기 꼭지에서 물이 나오는 광경을 난생처음 보면서 해맑게 소리 지르던 모습을 잊을 수 없다. 그들 중 몇몇은 이제 어엿한 대학생이 되었다.

여러 눈물겨운 이야기 사이사이에는, 이따금 문화적 차이 탓에 당시에는 당황스러웠겠지만, 나중에는 다 웃음 짓게 하는 재미있는 에피소드도 많다. 한 난민은 일광절약시간제(여름에 한 시간 시계를 앞당기는 제도. 일명 '서머타임제'-역주)를 제대로 이해하지 못해 며칠 동안 일터에 한 시간 일찍 출근했다. 원래 지각생으로 찍혔던 그는, 이 오해 덕택에 어느 정도 명예(?)를 회복할 수 있었다는 후문이다.

나는 미국 시카고 교외 지역에서 난민 재정착을 돕는 일을 계속하면서, 2011년부터는 매년 3개월씩 리비아, 튀니지, 이집트, 요르단, 터키, 레바논 등에서 활동하고 있다. 나는 외상치료 분야에서 아랍어를 할 줄 아는 몇 안 되는 전문가로서 이들 나라의 정신건강 전문가들을 훈련하며 인터넷을 통해 원격으로 그들을 지도한다. 이런 경험이 무척 보람 있기는 하지만, 어려움에 부닥친 이 나라의 지역교회들과 연계해 사역하지는 못했다. 나는 교회가 빛을 발하는 산 위의 동네로서 치유의 오아시스 역할을 감당할 수 있도록, 교회를 도울 기회가 오길 기도해왔다.

그리고 이 기도는 2015년에 응답되었다. 한 번도 만나본 적이 없는 시리아의 지역교회 목사에게서 연락이 왔는데, 시리아의 그리스도인 지도자들을 대상으로 외상치료에 관해 교육해달라는 부탁을 받은 것이다. 두 달 후 나는 알레포, 홈스, 다마스쿠스 출신의 예수회 신부, 수녀, 의사 등으로 구성된 15명의 시리아 교회 지도자들과 레바논의 한 수도원에 모여 나흘을 함께했다. 나는 아침마다 이들의 찬양 소리에 깨어나, "모든 지각에 뛰어난"(빌 4:7) 기쁨과 평화로 충만

한 이 형제자매들과의 교제를 사모하는 마음으로 하루를 시작했다.

교육 마지막 날, 분위기가 심상치 않음을 느꼈다. 다마스쿠스와 베이루트를 연결하는 도로를 반군이 점령했고, 알레포에서 온 아홉 명의 지도자는 다시 집으로 돌아갈 수 없게 되었다. 나는 다음 날 떠나야 했다. 미국으로 돌아오는 길에서 나는 가장 고통받는 이들을 향한 하나님의 약속을 떠올렸다. "모든 눈물을 그 눈에서 닦아 주시니 다시는 사망이 없고 애통하는 것이나 곡하는 것이나 아픈 것이 다시 있지 아니하리니 처음 것들이 다 지나갔음이러라"(계 21:4). 나는 이 약속을 항상 굳게 붙든다. 나와 이 책을 읽는 여러분이 완성될 그날을 갈망하며, 그 과정에서 하나님께서 하시는 일에 쓰임받기를 기도한다.

매튜의 이야기

이쌈과는 정반대로, 나는 이주민 문제에 대해 아는 바가 거의 없었다. 위스콘신주 북부의 조그마한 도시에서 자란 나는, 인근에 몽족(Hmomg, 중국, 베트남, 라오스, 태국의 접경 산악지대에 거주해온 소수민족. 베트남전쟁 당시 미군을 도운 역사 때문에 전쟁 이후 많은 난민이 발생했다–역주)이 살기는 했지만, 개인적으로 난민을 만나본 기억은 없다.

시카고 인근의 휘튼대학에서 마지막 해를 보낼 때 이 문제를 처음으로 접한 기억이 난다. 친구 안나 루스는 월드릴리프에 자원봉사자로 지원해 르완다에서 온 일곱 가정과 맺어졌다. 안나는 그 가정의 딸아이 넷과 주로 시간을 보냈지만, 그 집의 사춘기를 지나는 아들인 데니스에게 남성 멘토가 있었으면 좋겠다는 생각에 나를 초청했다.

나는 데니스와 그의 가족과 금세 친구가 되었다. 대학 졸업 후 나는 그들이 다채롭게 살아가는 아파트 단지에서 방을 구했는데, 여기는 월드릴리프를 통해 12개국 이상의 난민들이 재정착해 살아가는 곳이었다. 나는 그곳에서 8년간 살며 많은 난민과 이민자 이웃들과 가까운 친구가 되었다.

또한, 월드릴리프 지역 지부의 이민법 지원 프로그램에서 일하기 시작해서, 난민들이 미국 영주권(미국법에 따르면 도착한 지 1년 후 가능) 및 시민권 신청(도착한 지 5년 후부터 가능)을 할 때 돕는 일을 주로 했다. 미국의 이민법을 접하면서 미국에 오는 난민들이 극복해야 하는 어려움에 대해 더욱 깊이 이해할 수 있었고, 정부 정책에 변화가 필요함을 깨닫게 되었다.

지난 수년간 월드릴리프 안에서 나의 주된 임무는 미국 교회들이 난민 문제와 이민자 문제를 성경적 관점에서 생각하고, 또한 성경의 가르침을 적용해 취약 계층을 환영하고 섬길 수 있도록 돕는 것이었다. 오랜 논쟁 주제이며 복잡하게 얽혀 있는 미국의 불법 이민자 문제에 교회와 정부는 어떻게 반응해야 하는지에 관한 사역을 집중해왔다. 이와 비교했을 때 난민은 미국에 올 때 합법적인 지위를 갖고 들어오기에, 상대적으로 큰 논란이 되지는 않았다. 하지만 최근 들어 난민 재정착이라는 주제가 정치화되기 시작하면서 이런 분위기 또한 바뀌었다. 그러기에 그 어느 때보다도 교회가 성경적인 근거를 가지고 선교적인 자세로 이 복잡한 문제에 잘 대응하기를 간절히 바라는 마음이다.

치유의 오아시스로 쓰임받다

수많은 개인적인 경험을 통해 우리는 그리스도의 제자들이야말로 국제적 난민 사태 해결의 중심에 서야 한다고 굳게 믿게 되었다. 그리고 그 중심에서 우리의 삶과 여러분의 삶이 교차하기를 바란다. 이 책에서 우리는 난민이라는 주제에 성경적인 관점과 방향을 제시하려고 노력했다. 이 복잡한 사안을 더욱 잘 들여다보기 위해, 우리는 성경이 난민에 관해 어떻게 말하는지를 짚어 볼 것이다. 이를 필두로 난민이 누구인지, 난민 재정착은 어떻게 이루어지는지 설명하면서, 흔히 나오는 염려 또한 다룰 것이다. 그리고 실제 난민 사례를 이야기하며, 그저 통계로만 접하는 난민이 아닌 각자의 이름을 가지고 살아가는 개인의 삶을 소개할 예정이다. 이어서 난민이 발생하는 원인과 상황을 알아보며, 이들을 어떻게 효과적으로 섬길 것인지에 대해 실질적인 지침을 주고, 또 이들의 삶과 안위에 영향을 미치는 정책적인 사안에는 무엇이 있는지 알아볼 것이다. 마지막으로 우리

시대에 가장 시급하면서 또한 복잡한 숙제인 이 주제에 우리의 신앙을 어떻게 접목할 것이며 지역교회는 어떻게 대응해야 하는지 그 비전을 제시하는 것으로 마무리하고자 한다.

이 시대 전대미문의 국제적인 위기 상황 속에서 하나님은 교회를 그 해결책으로 택하셨음을 굳게 믿는다. 따라서 우리는 눈앞에 벌어진 큰 위기 상황에 선교적인 태도와 팩트를 중시하면서 당당히 맞서야 한다. 이렇게 많은 이들이 도망칠 수밖에 없었던 핍박과 폭력적인 상황을 하나님이 왜 허락하셨는지에 대해서 우리는 섣불리 답할 수 없다. 하지만 그분의 뜻은 이 끔찍한 고난 속에도 분명히 유효하며 이러한 국제적인 난민 사태 속에서도 이미 당신의 교회와 나라를 세우시고 확장해가고 계심을 우리는 안다. 역사적으로도 특별한 이 시기에 하나님께서 하시는 일에 당신도 동참할 수 있기를 간절히 바라고 기도한다.

2. 예수 또한 난민이었다

　　　그리스도를 따르는 우리에게 성경은 모든 분야에서 최고의 권위로 방향을 제시한다. 특히 복잡한 문제에서는 더욱 그러하다. 하지만 많은 복음주의 그리스도인은 난민과 이민 문제를 성경적인 관점에서 보기보다는 정치적, 경제적, 문화적으로 접근해야 할 주제라고 생각한다. 라이프웨이연구소의 최근 설문에 따르면, 미국 복음주의 그리스도인 중에 고작 12퍼센트만 성경적인 관점에서 이민 문제를 본다는 결과가 있었다.[1] 실제로 이 사안에 대해 본인의 관점을 형성하는 데 무엇이 가장 큰 영향을 주었는지 물었을 때, '성경', '지역교회', '기독교 지도자'라고 답한 수는 이 셋을 다 합쳐도 '대중 매체'라고 응답한 수보다 적었다.

　　문제는 그리스도인 다수가 목회자의 말보다 TV, 라디오, 페이스북 업데이트에 더 관심을 둔다는 것만이 아니다. 교회를 꾸준히 다니는 이들마저 난민 사태를 성경적인 관점으로 생각해보자는 호소를 거의 듣지 못했다. 지역교회가 주위의 난민이나 이민자를 섬기라는 도전을 성도에게 한 적이 있다고 응답한 그리스도인은 고작 다섯 명 중 한 명 꼴이었다.[2]

당연한 이야기이지만 성경이 현대 사회 또는 정치적인 사안을 직접 언급하지는 않기 때문에, 이러한 이슈는 일반적으로 교회에서 많이 논의되지는 않는다. 예를 들어 한계소득세율에 관한 논쟁이나 총기 규제 관련 사안에서도 성경적인 원칙을 적용해볼 수 있지만, 이들이 성경에 직접 언급된 것은 아니기에 우리는 최선을 다해 성경적인 가치에 따라 지혜롭게 판단할 뿐이다.

하지만 "난민과 이민자를 어떻게 대해야 하는가?"라는 주제에 대해서는 성경에서 아주 많이 이야기한다. 히브리 단어 '게르'(ger)—영어로는 외국인, 체류 외국인, 이방인, 거류민 또는 이민자 등으로 번역된다*—는 구약 성경에 92번이나 나온다.[3] 이 단어가 기록된 곳에는 소외당하는 또 다른 두 집단(고아와 과부)과 더불어 이방인을 향한 하나님의 특별한 관심이 나타난다. 월터 카이저 박사는 구약성경이 "최소한 36번이나 이방인, 과부, 고아에 대한 이스라엘의 의무"에 대해 경고하며, "가장 중요한 점은 이러한 이스라엘의 의무는 바로 그들이 애굽에 있었을 때 이방인이었던 것을 기억하라는 맥락에

---

*한국어 개역개정 성경은 동어를 객(창 15:13), 나그네(창 23:4), 이방 나그네(출 22:21), 타국인(출 12:19), 이방인(출 12:49), 거류민(레 16:29), 거류하는 자(레 22:18), 외인(민 19:10), 외국인(삼하 1:13), 이방사람(대상 22:2)으로 번역하고 있다—역주

서 강조된다"고 말했다.[4] 신학자 올란도 에스핀이 세어본 결과, "낯선 이를 환영하라는 것은 … 하나님 한 분만을 섬기라는 명령을 제외하고 구약성서에서 가장 많이 반복되는 계명이다."[5]

어떤 이유에서인지는 몰라도, 우리는 이방인을 사랑하고 환영하라는 하나님의 명령에 관해 교회 안에서 그다지 자주 언급하지 않는다. 그래서인지 성경이 이민자들을 어떻게 대하라고 하는지에 관련해서 미국 복음주의 그리스도인 중 오직 절반 정도만이 '매우 익숙하다'고 응답했다.[6]

난민을 어떻게 응대하는가에 대한 문제는 비단 성경적으로만 풀어야 할 고민은 아니다. 이는 외교, 경제, 안보, 문화 통합 분야에서도 타당하며 중요한 고민이다. 이 책에서는 이 부분도 살펴볼 것이다. 하지만 성경 말씀의 권위를 믿고 고백하는 우리는, 이 나라와 지역사회로 들어오는 이방인과 어떻게 소통할 것인지에 대한 고민을 성경에서 시작해야 한다.

성경의 수많은 난민 영웅들

2015년 12월, 캐나다는 3개월간 2만 5천 명의 시리아 난민을 받아 재정착시키는 대장정을 시작했다. 첫 난민을 받기 시작하던 어느 날, 뉴펀들랜드주의 한 성공회 교회에는 이런 표어가 붙었다. "성탄

절: 피난처를 찾아 떠난 한 중동 가족의 이야기."[7]

물론 그리스도의 성육신을 그저 한 난민 가족의 피난으로만 치부할 수 없지만, 우리 구세주가 인간의 몸을 입으시며 난민의 삶을 선택하셨다는 사실은 분명 시사하는 바가 크다. 보통 성탄절 공연이나 행진 등에서 선물을 들고 오는 동방박사 이야기가 등장하다가 예수, 마리아 그리고 요셉이 폭압적인 정권에 의해 난민이 되어 피난 가는 장면이 시작되기 바로 직전에서 공연은 대부분 끝이 난다.

> 그들이 떠난 후에 주의 사자가 요셉에게 현몽하여 이르되 헤롯이 아기를 찾아 죽이려 하니 일어나 아기와 그의 어머니를 데리고 애굽으로 피하여 내가 네게 이르기까지 거기 있으라 하시니 요셉이 일어나서 밤에 아기와 그의 어머니를 데리고 애굽으로 떠나가 헤롯이 죽기까지 거기 있었으니…(마 2:13-15a).

성경은 그들이 이집트로 떠나는 여정―베들레헴에서부터 헤롯의 통치권을 벗어난 당시의 이집트 경계까지 가는 데에는 며칠이 소요되었을 것이다―이나 예수, 마리아 그리고 요셉이 도착해서 어떤 대우를 받았는지는 많이 기록하지 않는다. 하지만 인류의 경험에 따라 유추하자면, 아마 몇몇은 따뜻한 환대를 베풀었을 것이고, 또 몇몇은 그들을 골칫거리로 여기거나 심지어 위협으로 생각했을 것이다. 그들은 피난처를 찾았을까? 환대받았을까, 아니면 학대받았을까?[8] 현지 목공들은 요셉이라는 외국인 노동자 때문에 그들의 임금이 낮아진다고 투덜댔을까? 예수가 질병을 옮길 수 있다고 염려했을까?

한 가지는 분명하다. 오늘날 전 세계 수백만의 난민들에게, "범사에 형제들과 같이 되[시며]"(히 2:17), "우리의 연약함을 동정하지 못하실 이가 아[닌]"(히 4:15), 또한 한밤중에 쫓겨나 피난처를 찾아 떠도는 경험까지 공유한, 그 예수가 그들의 대변자가 된다는 사실이다. 신학자 플루어 휴스턴은 "예수와 그의 가족이 난민으로 묘사된 것은 간과되어선 안 되는 중요한 사실"이라며, "예수는 난민들의 고통에 동감하시며, 인내할 수 있도록 도우시며, 또한 소망을 주신다"라고 말했다.[9]

물론 예수님이 가장 중요한 난민이기는 하지만, 성경의 다른 인물들 또한 강제 이주의 경험을 공유한다. 야곱은 형 에서의 위협을 피해 고향을 떠난 인물이다(창 27:42-44). 모세가 이집트에서 미디안으로 도망친 이유는 바로가 그를 죽이려 했기 때문이었다(출 2:15). 사울왕에게 부당하게 핍박받던 다윗은 블레셋 땅에 속한 가드 왕 아기스에게 여러 번 망명을 신청했다(삼상 21:10, 27:1). 비슷하게 선지자 엘리야는 아합왕과 이세벨의 핍박을 피해 광야로 도망을 갔다. 상황이 너무 절박해 자신을 죽여 달라는 기도까지 했다(왕상 19:1-4).

신약에서 우리는 예루살렘에서 일어난 박해가 처음에 예수를 따르던 이들을 어떻게 강제적으로 흩어지게 했는지 그리고 이러한 악을 하나님이 어떻게 선으로 사용하셔서 사도들이 복음으로 초대교회들을 세웠는지 본다(행 8:1, 4-5). 그때와 같이 지금도 하나님은 가장 끔찍하고 불의한 상황 속에서도 그분의 뜻을 이루시는 분이다.

가장 큰 계명, "너도 이와 같이 하라"

예수는 본인이 난민이셨을 뿐 아니라, 우리가 난민에게 어떻게 반응해야 하는지도 제자들에게 알려 주셨다. 율법과 예언서를 하나의 계명으로 요약하시면서, 예수는 제자들에게 "무엇이든지 남에게 대접을 받고자 하는 대로 너희도 남을 대접하라"(마 7:12)라고 말씀하셨다.

미국에 있는 월드릴리프 각 지부에서는 난민이 봉착하는 어려운 결정의 순간을 사람들에게 조금이나마 이해시키고자 '난민 체험' 프로그램을 제공한다. 예를 들어 미래의 한 시점에 당신 나라에서 더는 그리스도인으로 살아가는 것이 힘들어진 상황이라고 가정해보자. 목회자가 체포되고, 이제 곧 당신 집에도 요원들이 들이닥쳐 고문, 강간, 살해 위협에 노출될 것이라는 소문이 돈다. 당신은 이제 곧 중요한 물품 몇 개를 챙겨 한밤중에 떠나야만 한다. 선택의 여지는 없다. 무엇을 가져갈 것인가? 어디로 갈 것인가? 그리고 가장 중요한 질문…, 도착한 곳에서 어떤 대접을 받기 원하는가? 이 황금률은 우리 땅으로 오는 난민을 어떻게 대해야 하는지에 대한 중요한 기준을 제시한다.

성경에서 율법의 전부라고도 표현하는 예수의 또 다른 가르침은 '가장 큰 계명' 후반부에 있다. 율법교사의 질문에, 예수는 가장 중요한 계명이자 영생을 얻는 핵심 방법으로 "네 마음을 다하며 목숨을 다하며 힘을 다하며 뜻을 다하여 주 너의 하나님을 사랑하고 또한 네 이웃을 네 자신 같이 사랑하라"(눅 10:27)라고 말씀하셨다.

예수가 거기서 설명을 멈추셨더라면, 아마 우리 대부분은 의무감을 덜어내려고 '이웃'이라는 단어의 범주를 최대한 좁게 설정하려고 했을 것이다. 하지만 율법교사는 이 단어의 명확한 의미를 질문한다. "그러면 내 이웃이 누구니이까?" 예수는 이 질문에 대답하시며, 단지 우리와 인종이 같거나 종교가 같거나 사는 곳이 같은 사람이 아니라, 도움이 필요한 누구나가 바로 '이웃'이라고 명확하게 말씀하신다.

뜻을 분명히 전달하기 위해, 예수는 여리고 성으로 가는 길에 강도 만나 버려진 한 사람의 이야기를 꺼내신다. 당시의 종교지도자인 제사장과 레위인은 그를 피해 다른 길로 걸어갔다. 그들은 영향력 있는 사람들이었고, 아마 중요한 일정도 있었을 것이다. 또한, 그들은 자신의 안전을 생각했을 것이다. 하지만 사마리아인은 매 맞아

쓰러져 있는 사람을 보았고, 하던 일을 멈추었으며, 그를 인격으로 보았고, 긍휼의 마음으로 그의 상처를 싸매었고, 온전히 회복할 수 있도록 여관으로 데리고 갔다.

예수가 이 비유의 주인공으로 사마리아인을 내세웠음을 주목하라. 평범한 유대인에게 사마리아인은 평소에도 좋은 이미지가 아니었다. 그들은 이방인 취급을 받았고(눅 17:18), 다른 곳에서 예수가 지적하셨듯(요 4:22) 신학적 차이 탓에 흔히 말하는 '이단'으로 여겨졌다. 예수의 두 제자가 불로 사마리아인 마을 중 하나를 멸해달라고 했을 정도로 그들은 유대인에게 혐오 대상이었다.

물론 예수는 이를 꾸짖으셨다(눅 9:51-55). 소외된 이방인들을 대하는 예수의 접근법은 사회적인 것과는 거리가 멀었다. 사마리아인과 접촉하지 않고 갈 수 있는, 유대인이 대부분 선호했을 만한 돌아가는 길이 있었음에도 그는 일부러 "사마리아를 통과하[려고]"(요 4:4) 하셨다.[10] 그렇게 했을 때, 예수는 사마리아 여인과 진심으로 소통하며 그녀에게 자신이 메시아라는 것을 밝히셨고 또한 그 여인이 최초의 복음 전도자로 살아가도록 준비시키셨다(요 4:4-42).

다른 곳에서 예수는 감사할 줄 아는 사람의 좋은 본보기로 사마리아인을 칭찬하셨다(눅 17:11-19). 그리고 "자기를 옳게 보이려고"(눅 10:29) 애쓰는 율법교사의 질문에 대해 도움이 필요한 낯선 이에게 긍휼을 베푼, 이웃 사랑의 모범으로서 이 사마리아인을 칭

찬하셨을 뿐 아니라, 우리에게도 "너도 이와 같이 하라"(눅 10:37)고 말씀하셨다.

이 율법교사가 만약 율법을 잘 알았다면, 이스라엘에게 이웃을 사랑하라고 하신 레위기 19장 18절의 계명 바로 뒤에는 이방인을 사랑하라는 구체적인 명령이 뒤따른다는 사실도 익히 알고 있었을 것이다. "거류민이 너희의 땅에 거류하여 함께 있거든 너희는 그를 학대하지 말고 너희와 함께 있는 거류민을 너희 중에서 낳은 자같이 여기며 자기같이 사랑하라. 너희도 애굽 땅에서 거류민이 되었었느니라. 나는 너희의 하나님 여호와이니라"(레 19:33-34).

특히 사마리아인은 길가에 맞아 버려진 사람에 관해 주어진 정보가 거의 없었다. 옷이라도 입었다면 옷차림으로 사회적인 지위나 민족에 관해 유추할 수 있었을 텐데 옷마저 벗겨진 상태였고, 아마 말도 할 수 없는 상황이었을 테니 어느 지역에서 왔는지 알려 줄 억양이나 사투리도 들을 수 없었다. 사마리아인은 이런 정보를 얻을 수 없었지만, 사실 알 필요도 없었다. 그저 상대방에게 "도움이 필요하다"는 사실만으로도 충분했다.

현재의 난민 사태에 이를 적용하는 방법은 분명하다. 예수의 기준에서 보았을 때 난민은 우리의 이웃이다. 시리아에서 왔든지, 소말리아나 미얀마에서 왔든지, 우리와의 거리가 1킬로미터든지 1만 킬로미터든지, 그리스도인이든 무슬림이든 불자든 무신론자든, 아니면 다른 어느 것으로 규정짓건 간에 상관없이 말이다. 예수의 계명은 그들을 사랑하라는 것이며, 여기에 어떠한 위험이나 손해가 예상되느냐는 사랑하라는 명령에서 논읫거리가 아니다.[11]

"경이롭고 멋지게" 지음받은 존재

우리가 난민을 사랑해야 하는 이유는 단지 그들이 우리의 이웃이기 때문만은 아니다. 성경이 가르치듯, 그들 또한 우리와 마찬가지로 하나님의 형상대로 지음받았기 때문이다. 구약학자 대니엘 캐롤은, 우리가 이민 문제에 성경을 적용하려면 창세기의 '태초'부터 시작해야 한다고 말한다.[12] 난민이나 이방인에 관한 성경의 구체적인 명령을 접하기도 전에, 먼저 난민을 포함한 모든 인류는 각자 하나님이 그분의 형상을 따라 지으신 존재(창 1:27)라는 사실을 발견한다.

모든 인간은 인종, 성별, 법적 지위, 장애 또는 다른 조건에 상관없이 창조주 하나님에 의해 "경이롭게, 멋지게"(시 139:14, 우리말성경) 지음받았으며, 그렇기에 각자 고유의 존엄성을 지닌다. 우리가 인간의 생명을 소중히 여기고 보호하는 까닭은 하나님께서 생명을 존귀하게 여기신다고 믿기 때문이다. 생명에 관한 이러한 책무는, 목숨을 걸고 피해야 하는 상황에 강제적으로 내몰린 난민들을 보호하고 피난처를 찾아 주는 일에 모든 노력을 다하게 한다.

인간 생명의 성스러움은 성육신 사건으로 더욱 확대되었다. 하나님의 아들 예수 그리스도가 완전한 인간이 되신 것이다. 미국 남침례교단 윤리와종교자유위원회 회장인 러셀 무어는 이에 관해 "예수는 자신을 인간과 동등하게 여기셨다. 모든 연약함과 취약함 가운데 있는 우리처럼 되신 것이다"[13]라고 표현했다. 그는 이어서 이렇게 덧붙였다.

> 예수가 우리와 같은 인간으로 오셨다면 그리고 하나님 나라의 목적이 그리스도 안에서 인간성을 회복하는 일이라면, 인간의 생명은 교회에서도 중요한 주제여야 한다. 교회는 그 가르침과 행동을 통해, 세상이 무시하거나 없애려는 이들을 향한 사랑과 공의를 실천해야만 한다. 교회는 영원한 생명을 선포하고 하나님의 형상을 따라 지음받은 모든 생명—하나님의 백성이든 그렇지 않든—을 존귀하게 여기는 일에 힘을 쏟아야 한다.[14]

모두가 창조주 하나님의 형상을 따라 지음받았다는 사실은, 인간이 고유의 존엄성에 더해 뛰어난 창조성 또한 지니고 있음을 시사한다. 난민이나 이주민 수용 과정에서 가장 반대 목소리를 내는 이들은 이렇게 늘어나는 사람들 때문에 제한된 자원이 더 빨리 고갈될 거로 걱정한다. 이는 인구 증가가 전체적으로 손해를 가져온다고 보는 맬서스주의적인 사고방식에서 비롯하는데, 지금도 이런 주장을 하는 자들이 있다.[15] 난민 재정착에 반대하는 집단은 난민이나 이주민에 관련된 비용을 전부 계산하여 왜 이들 전부 혹은 대부분을 들어오지 못하게 해야 하는지 설명한다.

하지만 이민자를 대상으로 단지 '비용' 분석이 아닌 '비용편익' 분석을 해본 경제학자들은 이민자가 이주한 국가의 경제에 이바지하는 것이 그들이 국가로부터 받는 혜택보다 전체적으로 크다고 역설한다.[16] 칼럼니스트 마이클 거슨의 말마따나, "인간에게는 그저 입만 있는 것이 아니라 손과 뇌가 있다."[17] 난민들은 그저 소비만 하는 게 아니다. 받기만 하는 사람이 아니라는 것이다. 창조주의 형상을 닮아 내성 있고 기업가 정신이 충만한 이들에게는 놀라운 생산력이 있는데, 난민을 그저 짐으로 생각할 때 우리는 이들 안에 있는 하나님의 형상을 부정하게 되는 것이다.

핍박당하는 교회와 연대하기

난민은 우리의 이웃이며, 종교적인 배경과 상관없이 인간 고유의 존엄성을 지닌다. 또한 우리는 그리스도인으로서 믿음 때문에 핍박당하고 난민이 된 형제자매들에 대해 더욱 관심이 있다. 사도 바울은 갈라디아의 교회에 편지하며 "우리는 기회 있는 대로 모든 이에게 착한 일을 하되 더욱 믿음의 가정들에게 할지니라"(갈 6:10)라고 했다. 교회는 마치 인간의 몸이 그러하듯 각기 고유하면서도 상호의존적인 지체로 구성되어 있기 때문에, "만일 한 지체가 고통을 받으면 모든 지체가 함께 고통을 받[는다]"고 말했다(고전 12:26).

끔찍한 것은 오늘날 지구 곳곳에서 우리의 형제자매들이 예수의 이름 때문에 핍박을 받고 있다는 사실이다. 기독교 신앙에 적대적인 정부들 그리고 점점 늘어가는 테러리스트들로 인해 그리스도를 따르는 이들이 순교당하고 있다. 실제로 미국 오픈도어선교회는 근대사에서 그리스도인에게 가장 잔인한 해는 아마 2015년이었을 것이라고 분석한다.[18] 단 한 달 동안 일어난 일에 대해 〈크리스쳐니티 투데이〉는 이렇게 전한다.

> ISIS*는 한 그리스도인 기자를 시리아에서 참수했다. 아프리카의 동쪽 끝에서는 알샤바브라 불리는 소말리아 무장단체가 케냐의 한 대학교에서 그리스도인을 노린 테러를 일으켜 무려 150명이나 죽였다. 같은 달에 ISIS는 수십 명의 에티오피아 그리스도인을 처형했다.[19]

---

*IS로도 알려진 급진 수니파 무장단체인 이라크-레반트 이슬람국가. 2014년 6월부터 이라크와 시리아를 중심으로 세력을 확장, 중동과 유럽 등지에서 테러를 자행하며 전 세계를 공포에 안겼으나, 2017년 7월과 10월에 걸쳐 각각 이라크 모술과 수도인 시리아 락까를 잃으면서 와해됐다-역주 (출처: 네이버 시사상식사전)

이 과정에서 많은 그리스도인은 냉혹한 선택의 갈림길에 내몰렸다. 도망가거나, 신앙을 버리거나, 아니면 죽거나.[20] (ISIL 또는 다에시로도 알려진) ISIS가 이라크와 시리아의 오래된 기독교 공동체들을 표적으로 삼으며—당시 미 국무장관 존 케리는 이 상황을 대량학살로 규정했다[21]— 수십만 명이 강제로 집과 나라를 떠나야 하는 상황에 부닥쳤다. 크게 조명받지 못했지만 미얀마의 다양한 소수 민족 출신의 침례교, 가톨릭, 성공회 신자들도 수년간 집을 떠나 태국, 말레이시아 또는 인도의 난민 캠프나 법적인 보호를 받을 수 없는 도시에 머물러야 했다.[22]

나이지리아에서는 보코하람(Boko Haram. 2002년 결성된 나이지리아의 이슬람 극단주의 테러 조직으로 이슬람 신정국가 건설을 목표로 한다-역주)에 의해 수백 명의 기독 어린이들이 납치되었고, 수천 명이 죽임당했으며, 다른 수천 명은 피난민이 되었다.[23]

박해당하는 교회와 연대하려면 우리는 이 끔찍한 핍박을 멈추도록 우리가 할 수 있는 모든 방법을 동원해야 한다. 기회가 닿을 때마다 우리는 그리스도인이 강제로 떠나지 않아도 되도록 애쓰고 기도해야 한다. 하지만 피난이 유일한 방법이라는 결정을 내려야만 했을 때, 그들을 받아들이는 나라의 지역교회는 이들을 환영하는 데 온 힘을 다해야 한다.

미국의 난민 재정착제도를 통해서도 형제자매를 도울 기회가 많다. 미국은 2003년에서 2015년 사이에 다양한 종파의 기독교 신앙을 지닌 34만 명의 난민을 받아 주었다. 난민의 종교 중에 기독교가 차지하는 비율이 가장 높았다.[24] 이들 대부분은 본국에서 기독교 신앙 때문에 박해를 받은 것이다. 2007년부터 미국에 입국한 약 12만 5천 명의 이라크 난민 가운데 35퍼센트 이상이 그리스도인인데(이라크 인구 중 그리스도인이 차지하는 비율보다 몇 배나 높다), 이는 그리스도인이 그곳에서 유난히 박해를 당해왔기 때문이다.[25] 비슷하게 지난 10년간 미얀마에서 10만 명 이상의 박해당한 그리스도인이 미국에 난민으로 왔다. 비록 미얀마 전체 인구 중 그리스도인이 차지하는 비율은 5퍼센트가 안 되지만, 그 나라에서 발생한 난민 중 그리스도인의 비율은 70퍼센트가 넘는다.[26]

만약 우리가 이 나라를 강제적으로 떠나야만 하는 상황이 생긴다면, 우리는 피난 가는 나라에서 단 한 명의 그리스도인 형제나 자매라도 우리를 환영해주고, 적응을 도와주고, 상실의 아픔을 공감해주며 함께 울어 주기를 바랄 것이다. 매년 많은 이들이 미국으로 오기에 우리는 박해받는 교회 편에 설 기회를 자주 얻는다.

난민은 어디에서 오는가?

월드릴리프를 통해 미국에 재정착 한 난민의 출신 국가
(국가별, 2004-2013)

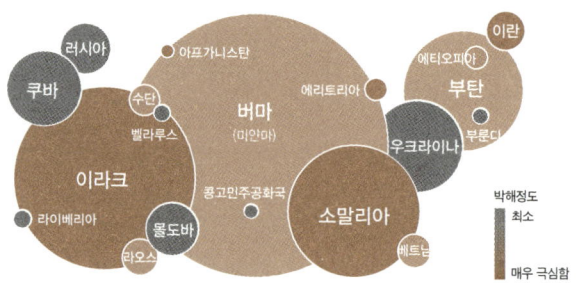

월드릴리프를 통해 미국에 재정착 한 난민 + 가장 박해받는 기독교인 현황
(국가별, 2004-2013)   2013년 순위(출처: 오픈도어즈인터내셔널)

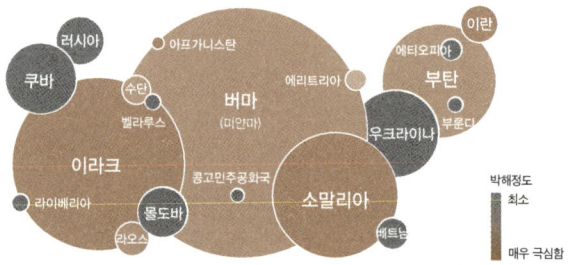

월드릴리프를 통해 미국에 재정착 한 난민 + 미전도 국가 현황
(국가별, 2004-2013)   업데이트: 2013년 10월 (출처: 조슈아프로젝트)

월드릴리프에서 진행하는 '선한이웃팀' 사역으로 우리는 지역교회의 각 팀이 공항에 나가 도착하는 난민을 환영하고, 몇 개월의 적응 과정에서 이들과 동행하며, 정착 기간만이 아닌 영원에까지 이르는 우정을 쌓길 바라며 지원한다.

실제적인 박해를 경험해본 적이 없는 서구권 교회는 우리의 난민 형제자매들에게 많은 것을 배워야 한다. 박해를 거치며 연단된 이들의 신앙은 깊고 생명력이 넘친다. 그리스도의 지체는 각기 다르지만 모두 없어선 안 될 부분으로 이루어져 있다. 핍박받은 형제자매는 우리의 연대와 지지 그리고 (난민 지위를 얻은 이들에게는) 환영이 필요하지만, 우리 또한 그들이 필요하다. 그들은 우리에게 예수를 따른다는 것이—심지어 그 결단이 아주 비싼 값을 치르게 하더라도— 어떤 의미인지 가르쳐 줄 수 있기 때문이다.

이 말은 단지 우리가 형제자매 편에 서는 것으로 그치지 않는다. 이는 결국 우리가 예수 편에 서느냐의 문제다. 예수는 교회의 핍박을 자신의 것으로 받아들이신다. 다메섹으로 가는 길 위에서 초대교회를 열렬히 핍박했던 사울을 대면하시면서 예수는 "네가 어찌하여 '나'를 박해하느냐"(행 9:4)라고 하셨다. 그리고 제자들에게 최후 심판을 설명하며 이렇게 말씀하셨다.

> 모든 민족을 그 앞에 모으고 각각 구분하기를 목자가 양과 염소를 구분하는 것같이 하여 양은 그 오른편에 염소는 왼편에 두리

라. 그때에 임금이 그 오른편에 있는 자들에게 이르시되 내 아버지께 복받을 자들이여 나아와 창세로부터 너희를 위하여 예비된 나라를 상속받으라. 내가 주릴 때에 너희가 먹을 것을 주었고 목마를 때에 마시게 하였고 나그네 되었을 때에 영접하였고 헐벗었을 때에 옷을 입혔고 병들었을 때에 돌보았고 옥에 갇혔을 때에 와서 보았느니라.

이에 의인들이 대답하여 이르되 주여 우리가 어느 때에 주께서 주리신 것을 보고 음식을 대접하였으며 목마르신 것을 보고 마시게 하였나이까. 어느 때에 나그네 되신 것을 보고 영접하였으며 헐벗으신 것을 보고 옷 입혔나이까 어느 때에 병드신 것이나 옥에 갇히신 것을 보고 가서 뵈었나이까 하리니

임금이 대답하여 이르시되 내가 진실로 너희에게 이르노니 너희가 여기 내 형제 중에 지극히 작은 자 하나에게 한 것이 곧 내게 한 것이니라 하시고(마 25:32-40).

우리가 형제자매 중 "지극히 작은 자 하나"와 같은 이방인을 환영할 때, 우리는 예수를 환영하는 것이다. 이 일에 실패한다면, 예수께서 하신 등골이 서늘한 말씀처럼 우리는 그분을 내친 것이 된다(마 25:41-46).

지상명령, "가서 모든 민족을 제자로 삼으라"

박해받는 그리스도인에게 특별한 관심을 두다 보면, 우리는 또한 다른 종교를 가진 난민들의 상황에 대해서도 신앙적인 고민을 하게 된다. 그리스도인이 아닌 이들도 하나님의 형상대로 지음받았기에 그들의 삶 또한 귀하며, 우리가 사랑하도록 부름받은 우리의 이웃이기 때문이다.

하늘로 올라가시기 전 예수는 제자들에게 마지막 명령을 주셨다. "그러므로 너희는 가서 모든 민족을 제자로 삼아 아버지와 아들과 성령의 이름으로 세례를 베풀고 내가 너희에게 분부한 모든 것을 가르쳐 지키게 하라"(마 28:19-20). 사도행전에 기록되었듯 예수는 제자들에게 "예루살렘과 온 유대와 사마리아와 땅끝까지 이르러"(행 1:8) 증인이 되라고 말씀하셨다. 교회는 "땅끝까지" 갈 수 있고 또 가야 하지만, 우리는 먼저 이 지상명령을 우리가 사는 지역 안에서 실천해야 한다.[27] 미국으로 들어오는 난민 다수가 아직 그리스도를 따르는 자가 아니라는 현실은 우리가 지역사회에서 지상명령을 실천할 기회가 된다.

이런 기회는 우연이 아니다. 하나님은 "민족들을 커지게도 하시고 다시 멸하기도 하시며 민족들을 널리 퍼지게도 하시고 다시 끌려가게도"(욥 12:23) 하시는 분이며, 바울은 하나님이 이렇게 하시는 이유가 "사람으로 혹 하나님을 더듬어 찾아 발견하게 하려 하심"(행

17:27)이라고 가르쳤다. 하나님은 주권적인 목적을 갖고 민족을 이동하게 하시며, 미국과 전 세계의 교회를 향하여 이 일에 동참하라고 초청하신다.

초대교회에서 사도들이 뿔뿔이 흩어진 사건을 비롯해 교회사에서 꾸준히 그래 왔듯, 하나님은 사람들의 대거 이주를 그분의 목적을 이루는 도구로 사용해오셨다. 선교학자 에녹 완의 설명처럼 "디아스포라 선교"(하나님께서 사람들의 이주를 통해 행하시는 구속 사역)는 적어도 세 가지 형태로 일어난다.[28]

1) 디아스포라를 향한 선교. 주최국의 그리스도인이 아직 믿지 않는 난민이나 다른 이민자에게 복음의 소망을 전함.
2) 디아스포라를 통한 선교. 이민자 신앙인이 같은 동포에게 복음을 전하며, 때로는 선교사가 되어 본국으로 돌아가기도 함.
3) 디아스포라에 의한, 디아스포라 너머의 선교. 이민자 신앙인이 문화를 초월하여 이민국에 있는 이들이나 여러 상황 가운데에서 복음을 전함.

우리는 월드릴리프를 통해 지역교회가 재정착시킨 난민들을 섬기도록 도우면서 디아스포라 선교가 제대로 작동하는 것을 보았다. 비그리스도인(또는 명목상의 그리스도인) 난민이 우리 곁으로 오는 상황은 지역교회가 이들을 사랑하고, 환영하고, 관계를 돈독히 하며 복음의 소망을 전하라는 초청과도 같다. 한 연구에 따르면, 인도와 중국을 제외한 나라 중에서 가장 많은 숫자의 미전도 종족(361개 종족)이 미국 국경 안에서 살고 있다고 한다.[29] 이러한 종족 중 많은 경우는 미국에 난민으로 온다.

일례로 소말리아는 전체 인구의 99.8퍼센트가 무슬림이다. 그리스도인이 차지하는 비율은 0.1퍼센트 이하이며, 가장 전도가 이루어지지 않은 국가 중 하나다.[30] 하지만 최근 들어 평균 매년 6천 명의 소말리아 난민이 미국으로 들어오고 있다. 그중 시카고 교외 지역에 정착한 한 남성은 얼마 전에 한 가지를 부탁하러 그의 이웃이며 영어 선생이기도 한 조쉬를 찾았다. 그가 에티오피아 난민촌에 거주할 때 〈예수〉 영화에 대해 들어본 적이 있는데, 자신의 언어로 번역된 자료를 조쉬가 찾아 줄 수 있느냐는 부탁이었다. 그의 질문에 답을 하면서 조쉬는 복음을 나눌 수 있었다. 하나님이 세상을 이처럼 사랑하사 외아들 예수를 보내어 그분을 믿는 자마다 죄를 사하여 우리를 하나님과 화목하게 하며 영원한 생명의 소망을 얻게 하신다는 소식 말이다(요 3:16).

난민에 대한 새로운 패러다임

월드릴리프는 복음주의 단체이다. 우리는 예수와 개인적인 관계를 맺도록 초대하는 '전도'의 능력을 믿지만 '개종주의'는 거부한다. 이 둘은 같은 말이 아니다. 개종은 믿는 바를 강제로 바꾸려는 노력이며, 이는 많은 부분에서 복음 전도와 배치된다. 복음 전도는 절대로 압력이나 강제성을 띠면 안 된다. 믿음에 관해 상대방이 어떤 반응을 보이는지에 따라 섬김이나 수용, 연민의 수준을 정하는 것이 아니다. 신학자 존 스토트는 개종주의에 대해 "가치 없는 증언"이라며, 우리의 동기, 방법, 메시지 등이 적절하지 않을 때 나오는 현상이라고 했다.[31] 로잔운동의 말을 빌리자면, 복음주의자로서 "신앙의 본질상 우리는 다른 사람과 복음을 나누어야 하지만, 그 전도를 공개적이고 정직하게 해서 복음을 듣는 이가 자신의 의사에 따라 자유롭게 결정하도록 해야 한다. 우리는 다른 종교를 가진 사람들에게 민감해야 하며, 그들의 개종을 강요하는 어떤 방법도 거부한다."[32]

난민들을 환영하고 섬기면서 우리의 "소망에 관한 이유를 묻는 자에게는 대답할" 기회가 많이 있지만, 그조차도 항상 "온유와 두려움으로"(벧전 3:15) 해야 한다. 월드릴리프에 있는 우리는 난민이 그리스도인이든 아니든 그리고 그들이 그리스도인이 될 가능성이 얼마나 되던지 간에, 차별 없이 모두에게 동일한 서비스를 제공해야 한다고 굳게 믿는다. 우리 직원이나 지역교회의 자원봉사자들이 이런 정신으로 관계를 맺어 나갈 때, 난민들이 우리의 선행에 대한 동기를 물어보고, 결과적으로 그들이 예수를 따르는 결단을 하는 것을 자주 보아왔다.

믿지 않는 난민이 기독교 국가에 정착했다고 해서, 그들이 저절로 복음을 접하게 되리라 생각해서는 안 된다. 현재 북미에 사는 기독교 이외의 종교를 가진 이들(대부분은 해외에서 태어났다) 중 60퍼센트가 개인적으로 알고 지내는 그리스도인이 없다고 했다.[33] 단지 성경을 읽어본 적이 없거나 교회를 가본 적이 없다는 수준이 아니라, 아예 그리스도인 자체를 모른다는 것이다. 미국의 백인 복음주의자 중에 고작 27퍼센트만 개인적으로 무슬림을 알고 있으며, 더 적은 수가 힌두교도나 불자를 알고 있다는 통계가 이제 이해가 된다.[34] 선교 목사인 J. D. 페인이 지적하듯, "우리가 온갖 희생을 치르며 한 종족을 전도하기 위해 전 세계를 돌아다니면서 그저 길 건너에 있는 동일한 종족을 만나려 하지 않는다면, 그것은 선교적으로 뭔가가 단단히 잘못된 것이다."[35]

또한, 신학자 후안 마티네즈의 말처럼, 이민자는 선교의 대상일 뿐만 아니라 그들 스스로 주체성을 가진 선교사라는 점을 인식해야 한다.[36] 많은 이들은 이미 강한 믿음을 갖고 있다. 아직 그리스도인이 아니지만, 언젠가 예수를 따르고 성령의 인도하심을 받는 삶을 살기로 결단한다면 그들이 속한 공동체와 그 너머에서 영향력 있는 복음 전도자가 될 수 있다. 일례로 미주리주 세인트루이스의 뉴시티 펠로우십에서는 지역사회의 난민과 다른 이민자들과의 연계를 통해 세계 선교 역사에 일대 혁명이 일어났는데, 이민자들이 자기 고향인 토고, 미얀마, 파키스탄, 콩고민주공화국 등에서 문화적인 중개인 역할을 시작했기 때문이다.

오늘 시리아에서 미국으로 오는 이슬람 난민 중에 제2의 빌리 그레이엄이 나올지 누가 알겠는가?[37] 사실 그동안 이보다 더 희한한 일도 일어났다. 고인이 된 신학자 칼 헨리의 말마따나 오늘날로 따지자면 IS도 울고 갈 열정으로 교회를 핍박하던 다소의 사울을 하나님께서는 사도 중에서도 제일 크게 사용하셨다. 또한, 불가지론자이던 학자 C. S. 루이스가 20세기의 위대한 기독교 변증가로 쓰임받을 것이라고 예상한 사람은 없었다.[38]

난민과 이민자들이 전통적인 관문 도시였던 뉴욕, 마이애미, 로스앤젤레스, 시카고뿐만 아니라 교외 지역이나 소도시 등 미국 전역에 걸쳐 정착하면서, 여러 종파의 기독교 학자들이 관찰했듯, 교회의 선교적인 역할은 더욱 중요해졌다. 남침례교단의 신학자 앨버트 몰러는 "지상명령의 책임감이 현재만큼 크게 다가온 적이 없었다"라고 전한다.[39]

몇몇 기독교 지도자는 미국의 젊은이들이 교회를 떠나는 것을 고민하지만,[40] 이민자 커뮤니티가 이에 대한 해결책을 줄 수 있다. 미국개혁교회의 전 사무총장 웨슬리 그랜버그-마이클슨은 "밀레니얼 세대가 미국 교회의 정문을 박차고 나갈 때, 그리스도인 이민자들이 바로 앞에 나타나고 있으며, 이따금 뒷문으로 노크하기도 한다. 그들이 미국 기독교에 활력을 불어넣을 열쇠를 쥐고 있는지도 모른다."[41]

비슷하게 오순절파 학자인 조셉 캐슬베리는 난민과 이민자들이 들어오는 현상은 "우리 시대의 부흥과 각성을 위한 가장 현실적인 소망"[42]이라고 주장한다. 웨슬리 계통의 선교학자인 티모시 테넌트는 북미로 이민 오는 인구 중 그리스도인으로 들어오거나 또는 정착 후 그리스도인이 되는 비율은 미국에서 태어난 인구 중에서 그리스도인이 되는 비율보다 두드러지게 높다고 말하며, "우리는 이민을 위협으로 보아서는 안 된다"[43]라고 주장했다.

선교적으로 중요한 이 시기에 동참하는 지역교회도 있지만, 불행하게도 이 기회를 놓치고 있는 교회도 많다. 2016년 실시된 라이프웨이연구소의 설문에 따르면, 미국 개신교 목사 중 단지 8퍼센트만이 교회가 지역사회의 난민을 섬기는 일에 참여하고 있다고 답했다.[44] 미국으로 오는 이민자들에 대한 자신의 시각을 물었을 때, 다수의 복음주의 그리스도인은 부정적인 답변을 내놓았다. 그들이 위협적이거나 부담스럽다는 이유였다. 오직 소수만이 "예수 그리스도를 소개할 기회"[45]라고 답했다. 우리가 안전, 편안함, 편리함을 우선순위로 삼으면, 신성한 임무를 저버릴 위험에 노출된다.

역사 속에서 언제나 그러셨듯, 하나님은 난민과 이주민의 이동을 통해서도 일하고 계신다. 이 소명에 동참하기를 원한다면, 추수할 것이 많다는 사실을 먼저 깨닫고(마 9:37), 난민의 현실에 관한 정치적, 경제적인 이해를 뛰어넘어 반드시 성경적인 관점으로 이 사안을 바라봐야 한다.

3. 거기에도 사람이 있다

창세기와 출애굽기에서, 우리는 이방인을 어떻게 대해야 하는지에 관한 두 가지 상반된 예를 발견한다. 창세기에서 파라오는 이민자 요셉의 해몽 능력과 가뭄 관리 능력을 높이 평가하고 적극 활용하여 이득을 보았다. 이와 달리 출애굽기에 나오는 파라오는 외국인을 위협적인 존재로 취급했다. 그는 요셉과 형제들의 후손인 히브리 민족이 "우리보다 많고 강하[다]"(출 1:9)고 하며 국가 안보에 위험 요소라고 믿었다. 파라오는 자신의 두려움 때문에 '문제'를 제거하려는 극단적인 행동을 취했고, 그 결과 히브리 남자 아기들이 대량학살되는 끔찍한 일이 일어났다.

이 파라오에 대해 성경이 "요셉을 알지 못하는 새 왕"(출 1:8)이라고 설명한 부분은 주목할 만하다. 전임 파라오는 요셉을 개인적으로 알았으며, 그는 두려움에 이끌려 이방인을 향해 적대적인 행동을 하지 않았다. 가령, 요셉의 아버지와 형제들이 가뭄을 피해 이집트에 정착하려 하자 파라오는 이들을 개별적으로 환영했으며 "땅의 좋은 곳에"(창 47:6) 거주하게 했다. 하지만 출애굽기의 파라오는 히브리인 각각의 이름, 얼굴 그리고 그들의 이야기를 알지 못했다. 각자의 사정을 몰랐고, 그들을 하나의 집단으로 두려워했다. 심리학자 매리 파이퍼에 의하면, 당신이 누군가를 개인적으로 알 때, "그 사람은 더 이상 고정 관념이 아니라, 본인과 같은 다채로운 한 인간으로 다가온다."[1]

우리는 월드릴리프에서 활동하면서 많은 난민을 만나는 특권을 누렸다. 이러한 관계는 우리의 생각을 변화시켰다. 우리에게 '난민'은 더 이상 추상적인 서술어나 법적 명칭 혹은 통계가 아니다. 그들은 우리의 이웃, 동료, 친구 그리고 가족이다.

난민이나 이민자가 지역사회에 들어올 때, 출애굽기의 파라오가 그랬던 것처럼 그들을 잠재적인 위협으로 대할 수도 있다. 하지만 이들을 개인적으로 알아가려고 노력하는 것이 더 나은 반응이라고 믿는다. 각자가 지닌 고유의 사연과 독특한 개성을 알아가며 개개인이 하나님께 깊이 사랑받는 자임을 기억하는 것이다.

그런 식으로 관계를 쌓아가면 자기가 이해하기 편한 단 하나의 범주로 난민 문제를 제한하는 것을 막을 수 있다. 소설가 치마만다 응고지 아디치에는 "단 하나의 이야기"[2]만 듣는 것은 위험하다고 설명한다. '난민'이라는 단어를 들었을 때, 누군가는 단편적으로 '위험'을 떠올린다. 아니면 '무력함' 혹은 '테러리스트'를 떠올릴 수도 있다. 물론 성조기 휘날리는 성공 사례가 떠오를 수도 있다. 우리가 들었던 그 단편적인 이야기가 무엇이든 간에, 그것은 고향을 떠나야만 했던 전 세계 수백만 명이 처한 현실을 정확하게, 공평하게 설명하지 못한다. 모든 인류가 그러하듯, 그들은 각자가 하나님의 형상을 따라 지음받아 고유한 존엄성을 지녔으며, 그와 함께 불완전하기도 하다. 사연 하나가 모든 난민의 상황을 대변할 수 없으며, 같은 나라 출신이거나 종교가 같더라도, 심지어 같은 가족일지라도 마찬가지이다.

이처럼 우리는 난민이 겪은 경험이 다양하다는 부분을 강조하려 한다. 특히 이번 장에서는 미국에 정착한 다섯 명의 경험을 소개할 것이다. 각자의 사연을 접하면서 이들을 향한 하나님의 사랑과 이방인을 향한 우리의 성경적인 책무를 생각해보았으면 한다. 그들 이야기를 들으며 편견으로 보았던 대상에게 고유한 이름을 붙여 주고 지역사회에 있는 난민에게 다가가는 계기로 삼길 바란다.

시리아의 수의사, 라미 이야기

라미(Rami)와 그의 세 형제의 고향은 시리아의 도시 홈스이다. 수니파 이슬람의 중산층 가정에서 자란 이들은, 택시운전사 아버지와 가정주부 어머니와 함께 화목한 나날을 보냈다. 고등학교를 졸업하고 라미는 대리석 조리대를 손질하는 일을 하며 수의학 공부를 병행했다. 준 학사 학위를 받은 후 라미는 전공을 살려 닭을 돌보는 일을 했고, 마침내 결혼하여 가정을 꾸렸다. 그는 시리아에서 자신의 삶이 "최고였다"라고 회상한다. 많은 가정이 자연스럽게 길거리에 나와 웃음꽃을 피우는 그곳은 "매우 안전한 곳"이었다. 라미는 그들의 삶이 "아름다웠다"고 회상한다. 나라에 내전이 발생한 2011년 봄 전까지는 말이다. "2011년 4월, 모든 것이 뒤바뀌었어요." 가라앉은 목소리로 그가 말했다.

시리아 내전 발생에는 더 큰 지정학적인 원인이 있다. 2010년, 튀니지의 한 여성 경찰이 면허 없이 채소를 판다는 이유로 당시 26세였던 모하메드 부아지지의 뺨을 때렸고, 그의 수레를 압수해갔다. 과부 어머니와 여섯 형제를 책임지던 모하메드는 이에 대한 항의로 분신했다. 이 수치스러운 사건은 휴대폰으로 녹화되었고, 중동과 북아프리카 수백만 명의 마음을 울려 자기 목소리와 자유를 찾고 싶은 열망을 일깨웠다. 일명 '아랍의 봄'이 시작된 것이다.

튀니지는 상대적으로 평화롭게 민주주의로 전환했지만, 시리아의 바샤르 알 아사드 대통령은 비폭력 시위를 폭력으로 진압해 사망자를 냈다. 이 사태로 아사드 정부와 시리아 인구의 다수인 수니파 무슬림[3]으로 구성된 수많은 반군 사이에 내전이 발생했다. 이미 민간인의 3분의 1이 넘는 25만 명 이상의 사망자를 낸[4] 이 전쟁에는 이란, 사우디아라비아, 터키, 러시아, 미국 등을 포함한 여러 나라가 각기 다른 진영을 지원하며 참여했다. 반군 중 '이슬람국가'라고도 불리는 ISIS는 2013년에 등장했다. 그들은 전체 사망자 수에 비교하자면 소수의 희생자를 냈지만 그 잔인성으로 이목을 집중시켜 왔는데, 특히 그리스도인과 다른 소수 종교인을 표적으로 삼아왔다.[5]

시리아 난민 사태 지도

※따로 출처가 표기되지 않은 숫자는 2015년 12월을 기준으로 UNHCR에서 추산한 난민 및 비호 신청 인원이다.

전쟁 전에 인구의 절반에 해당하는 1,200만 명 이상의 시리아인이 집을 떠났다. 이 중 400만 명 이상은 국경 근처에서 난민이 되어, 대부분 인근의 터키, 레바논, 요르단으로 피신했다. 몇십만 명이 유럽으로 망명 기회를 찾거나 그보다 훨씬 적은 수가 캐나다나 미국에 재정착하기도 했지만, 시리아 난민의 대다수는 이들 인근 국가에 머물고 있다.

이렇게 강제적으로 피난을 떠난 이들 중에 라미와 그의 가족도 있었다. 홈스에서 사태가 처음 발생했을 때, 라미는 그냥 있으려고 했다. 신장병 투병 중인 아버지가 정기적인 투석이 필요한 상황이었기 때문이다. 하지만 미사일 공격은 더욱 격해졌고, 한 번은 끔찍한 소음을 내며 집 바로 근처에 폭탄이 떨어지면서 이제는 집을 나서는 것조차 위험해졌다. 마침내 전기까지 끊기고 빵과 물도 부족하자, 라미와 그의 아내 그리고 아이들은 처음에는 시리아 안에서 다른 도시로, 이후 2012년에는 터키로 피신해야만 했다.

라미는 터키에 도착한 지 얼마 안 되어, 아버지가 제대로 된 의료조치를 받지 못해 돌아가셨다는 소식을 접했다. 이후 슬픔에 잠긴 어머니와 발달장애가 있는 형제 라에드를 포함한 라미의 세 형제는 터키로 위험한 여정을 감행하기로 했다.

일단은 전쟁의 위험에서 피신해 다행이었지만, 2백만 명 이상의 시리아인이 도망쳐 온 터키에서의 삶은 매우 고달팠다. 터키어를 모르고 합법적인 취업 허가도 없는 상황에서 라미와 가족이 생계를 유지하는 일은 불가능에 가까웠다. 라미는 에어컨 고치는 일을 하고 아내와 자매들은 봉제 공장에 취업했지만, 수입을 다 합쳐도 워낙 임금이 낮고 불공정한 대우를 받았기에 음식과 방세를 감당하기에는 역부족이었다. 터키의 비양심적인 고용주들은 어차피 불법으로 일하는 처지에서 하소연하지 못하는 시리아 난민들에게 매우 낮은 임금을 주며 위험하고 불합리한 일을 지시하곤 했다.

라미와 가족은 이스탄불에 도착한 지 얼마 지나지 않아 유엔난민기구(UNHCR)에 등록하여 제한적으로나마 지원을 받을 수 있었다. 또한, 최종 승인되는 사람이 소수였기에 가능성은 희박했지만, 제3국에 재정착할 기회도 열렸다. 이후 18개월간 이들은 유엔난민기구와 두 번, 미국의 여러 정부기관과 네 번, 총 여섯 번의 면담을 거쳤다. 이 과정에서 라미의 가족이 특별히 취약한 상황임이 인정되었고, 미국 재정착 승인을 받았다. 미 당국 관계자들은 라미와 그의 가족이 난민의 법적 기준에 부합한다는 유엔난민기구의 판단을 확인했고, 또한 이들이 미국의 안보와 보건에 위협 요소가 없음을 확인했다.

마침내 라미와 가족 전체는, 2015년 미국에 난민으로 재정착하게 될 2,192명의 첫 시리아인 중에 포함되었다는 소식을 접했다. 라미의 어머니와 남매들은 2015년 7월에 먼저 왔고, 월드릴리프의 직원들은 이들을 시카고 오헤어공항에서 만나 새로운 주거지인 일리노이주의 오로라로 데려갔다. 라미와 그의 아내, 아이들은 그 다음

달에 이들과 재회했다.

월드릴리프의 지속적인 도움을 받으며, 라미와 그의 아내, 자매들은 몇 달 안에 직장을 다 구해 단체가 도움을 제공하는 짧은 기간 이후의 방세를 스스로 감당할 수 있었다. 라미는 지역 전문대학의 영어 수업에 등록했으며, 언젠가는 전공을 살려서 수의 분야 일을 하게 되길 희망한다. 여전히 그의 가족이 잃게 된 많은 것에 슬퍼하며 대다수 시리아인이 위험한 상황에 있음을 늘 기억하지만, 그는 미국의 많은 이들이 자기 가족을 맞이해준 것에 감사하며 살아간다. 가족이 안전하고 평화로운 미래를 그릴 수 있다는 사실에 그는 희망적이다.

예수를 따르는 대가에 관하여: 데보라 이야기

데보라는 전기도 안 들어오는 미얀마 친주(Chin State)의 한 시골 농촌 마을에서 태어났다. 친족은 미얀마의 여러 소수 민족 중 하나다. 미국 선교사가 복음을 전한 친족은 다수가 침례교인이며, 대부분이 불교도인 국가에서 소수 종교 집단을 이룬다. 미얀마 정부는 예수를 따르는 그들을 학대했다. 데보라는 "그리스도인들은 매우 심한 탄압을 받았다"고 회상한다. 정부는 그녀의 농장에서 곡식을 만들어 바치라며 비현실적인 수치를 요구했고, 이를 지키지 못할 시 체포와

감금 협박을 했다. 과부로서 아이들도 책임져야 했던 데보라는 다른 많은 친족 그리스도인 난민의 발자취를 따라, 결국 아홉 살 난 아들과 여섯 살 난 딸을 데리고 도망 나오기로 했다. 무작정 걷기 시작한 그녀는, 이따금 다른 난민과 함께 작은 승합차에 비좁게 편승하며 마침내 태국 접경 지역에 이르렀다. 낮에는 숨어 지내고 밤에 이동해야 하는 태국에서 말레이시아까지의 험한 여정을 도울 가이드를 구하기 위해 데보라는 수중의 적은 돈과 액세서리를 건넸다.

말레이시아의 가장 큰 도시인 쿠알라룸푸르에 안전하게 도착한 데보라와 아이들은 다른 난민 가정들과 함께 화장실 하나 딸린 작은 아파트에서 비좁게 생활했다. 그곳에서의 삶 또한 힘들기는 마찬가지였다. 친족 난민들은 생활비를 충당하려고 불법 신분으로 어렵사리 돈을 모아야 했는데, 그마저도 뇌물을 요구하며 협박하는 경찰들에게 빼앗기기 일쑤였다. 하지만 데보라는 그곳 지역교회에서 위로를 얻었고, 또한 교회에서 운영하는 학교는 아이들에게 교육을 제공했다. 친주의 기독교대학에서 영어를 배운 데보라는 국제 구호단체인 국제구조위원회에서 통역사로 일하게 되었고, 이러한 연결고리를 통해 유엔난민기구에 난민으로 등록했다.

등록한 지 4년 1개월이 지난 2013년 5월, 왜 미얀마를 떠나야 했는지 자세히 설명하는 네 번의 면담 과정을 거친 후에 데보라와 아이들은 난생처음으로 비행기에 올라탔다. 새로운 보금자리인 미국으로 향한 것이다.

그들은 홍콩과 로스앤젤레스를 경유하여 시카고 오헤어공항에 도착했다. 미리 그 지역에 정착해 살던 데보라의 삼촌이 그들을 마중 나와 새 아파트로 데리고 갔다. 시카고에 재정착한다는 사실을 처음 알았을 때 말레이시아에서처럼 높은 빌딩들 사이에서 살 것으로 생각했지만, 예상과는 달리 그곳은 한적한 교외 지역이었다. 캐롤스트림의 새 아파트에 도착했을 때, 그녀는 테이블 위에 놓인 꽃과 망고를 보았다. 마침내 집에 돌아온 기분이었다.

하지만 미국에서의 적응도 쉽지만은 않았다. 말레이시아 경찰이 친족 난민을 괴롭혔던 기억 때문에 아이들을 밖에서 마음껏 놀도록 하기까지는 몇 주가 걸렸다. 일 또한 어려웠다. 도착하고 3개월 후, 데보라는 창고에서 생산업체의 주문을 받아 준비하는 일을 했다. 봉급이 높지 않았기에 거길 떠나 추가로 두 가지 일을 더 했지만, 수입의 대부분은 방세를 내는 데 나갔다. 하지만 데보라는 여전히 자신이 자랑스럽다. "매월 내 월세는 <u>스스로 책임질 수 있어요</u>."

데보라는 또한 교회 일에 매우 열심이다. 시카고팔람교회에서 그녀는 주일학교 교사로 섬기며, 어떤 주일에는 설교를 맡기도 한다. 피난처를 찾아 떠날 수 있었던 힘의 원천은 바로 그녀의 신앙이었다. 거처를 옮길 때마다 데보라는 지역교회의 중요성을 느꼈다.

오늘날 그녀는 특별히 다음 세대를 위해 투자하는 일에 열정을 쏟고 있다. 그녀는 주일학교 교육 자료를 만들며, 이를 통해 아이들이 "예수의 마음"을 품게 되기를 기도한다.

공산주의를 피해 온 어린이: 케이티 이야기

지난 5년간 미얀마로부터 78,000명 이상의 난민(대부분 데보라처럼 소수민족으로 박해받아 온 그리스도인)이 발생해 미국에 도착했다. 이는 한 나라를 기준으로 했을 때 같은 기간 가장 많은 수치이기도 하다. 1975년에서 1995년 사이 가장 많은 수의 난민 또한 동남아시아에서 왔다. 케이티 레(Katie Le)는 그 시기에 베트남에서 건너온 70만 명 이상의 난민 중 한 명으로,[6] 1994년 후반에 열두 살의 나이로 들어왔다.

케이티의 아버지는 미국과 동맹이었던 남베트남의 공군 장교였다. 1975년 남베트남이 패전하자 새 공산 정부는 케이티의 아버지를 6년간 수감했다. 케이티는 아버지가 석방된 지 1년 후에 태어났고, 아버지는 정부로부터 계속 차별을 당했다. 가족은 괴롭힘을 피해 베트남 남부의 먼 시골로 옮겨 갔다. 케이티가 열두 살이 되었을 때, 미국 정부는 이들 가족이 공산당으로부터 영구적으로 피신할 수 있도록 미국 재정착 기회를 제공했다.

전기, 깨끗한 물, TV가 없는 지역에서만 살았던 케이티는 미국이라는 나라에서 산다고 들었을 때, 그곳이 어떤 곳인지 감이 없었다. 로스앤젤레스까지 긴 비행을 마친 케이티 가족은 공항에 마중 나온 이모와 만났다. 다섯 식구는 방 하나 딸린 아파트로 짐을 옮겼다.

비록 케이티 가족은 베트남에서는 종교적이지 않았지만, 탄레침

레교회 회중은 그들을 따뜻하게 맞아주었다. 이들 또한 대부분 베트남 난민 출신이었다. 교인들은 이 가족이 새로운 곳에서 잘 적응하도록 도왔다. 후에 케이티와 가족은 그리스도인이 되었고, 지금까지도 같은 교회를 다닌다.

케이티는 영어를 한 마디도 못하는 상태에서 7학년에 입학했지만, 선생들의 따뜻한 도움을 받으며 사전과 끝없이 씨름하면서 차차 완벽하게 언어를 구사할 수 있었다. 고등학교를 전 과목 '수'(秀)로 졸업한 그녀는 대학교 과정도 무사히 마친 후 로스쿨에 진학했다.

오늘날 케이티는 이민법, 상해법, 공증법을 전문적으로 다루는 캘리포니아주의 변호사이다. 그녀가 처음 로스쿨을 가게 된 동기는, 자신도 할 수 있다는 것을 보여 주고 싶어서였다고 했다. 하지만 이제 그녀는 최근에 온 이민자들을 만나면서 이렇게 고백한다. "예전에 우리 가족과 내 모습을 보는 것 같아요. 그들이 어떤 어려움을 겪는지 충분히 공감이 갑니다." 새로 온 이민자들은 대부분 자기 권리에 대해 잘 몰랐다. 그녀 가족이 처음 도착했을 때 많은 도움을 받았듯이, 자신도 이제 사람들에게 도움이 되는 삶을 살고 싶다고 말한다.

고향을 향한 그리움: 핀갈라 이야기

핀갈라 디탈은 1973년, 중국과 인도 사이에 둘러싸인 조그마한 나라, 부탄에서 태어났다. 핀갈라가 사춘기였을 때, 부탄 정부는 "하나의 나라, 하나의 국민"이라고 알려진 가혹한 정책을 펼쳐, 부탄 남부에 거주해오며 네팔어를 사용하고 주로 힌두교인이었던 롯샴파족에게 북쪽에 있는 정부의 언어, 의복, 문화를 따를 것을 강요했다. 1990년 9월, 열여섯 살의 핀갈라는 이 정책에 반대하는 평화로운 시위에 참여했다. 하지만 정부는 이를 '반국가적' 시위로 규정해 탄압했고, 많은 남성을 체포하고 많은 여성을 강간했다. 시위가 발발하고 며칠이 지나, 이 시위를 이끌었던 핀갈라의 아버지는 정부의 표적이 될까 봐 두려워 국경 너머 인도로 피신했다.

1990년 11월, 상황은 더욱 악화되었고, 핀갈라와 그녀의 남동생 또한 몇 주 뒤 다시 돌아올 생각으로, 인도로 일단 몸을 피했다. 하지만 부탄 정부는 자진하여 떠나지 않으면 감금하겠다고 협박하여 더 많은 이들을 몰아냈고, 핀갈라와 가족은 이웃 나라에 계속 머물 수밖에 없었다.

1991년 8월, 부탄과 맺은 외교 관계의 영향으로 인도 정부는 핀갈라를 비롯해 고향을 떠나온 많은 이들을 추방해야만 했다. 이제 그들은 네팔의 강변에서 생활해야 하는 처지에 내몰렸다. 수개월 후, 유엔난민기구는 네팔에 다수의 난민 캠프를 세웠고, 1992년에 그곳은 부탄에서 쫓겨나온 10만 명을 수용하는 곳이 되었다. 난민들은 임시방편으로 오두막을 지을 수 있도록 기본 자재를 공급받았다. 대부분 '자원봉사'를 하며 적은 용돈을 버는 것 말고는 제대로 된 일을 할 수 없는 곳에서 15년 이상을 거주하면서 그저 고향에 돌아가기만을 바랐다.

핀갈라가 난민이 된 지 4년째인 1994년, 그녀는 난민 캠프에서 결혼했다. 그녀의 두 아이는 그곳에서 태어났다. 할머니가 돌아가셨을 때, 핀갈라는 난민 캠프에서 한 세대가 지나갔음을 문득 깨달으며 부탄으로 돌아갈 희망이 점점 꺼져가는 것에 절망했다. "난 모든 것을 잃었고, 미래는 산산조각이 났죠."

핀갈라는 절박했다. 아이들에게 난민 캠프가 아닌 더 나은 미래를 물려주고 싶었던 그녀는, 다른 곳에 재정착할 가능성을 찾기 시작했다. 또한, 같은 처지에 놓인 이들이 인도주의적인 차원에서 제3국에 재정착할 수 있도록 열심히 대변했다. 엄밀히 따지면 부탄 난민은 캠프에만 머물게 되어있었지만, 핀갈라는 기어이 네팔의 수도 카트만두로 이동해 미국 대사관과 접촉하여 부탄 난민의 실상을 호소했다. 시간이 흐르면서 그녀의 노력은 빛을 발했다. 유엔난민기구와 미국 정부의 심사 과정을 모두 마친 후 2008년 2월 27일, 핀갈라와 부모, 네 형제 등 그들 가족은 미국에 정착하게 된 10만 명의 부탄 난민 중 첫 번째 사례가 되었다.

'워싱턴'에 정착하게 되리란 말을 듣고선 미국의 수도에 가게 될 생각에 들뜬 마음이었다. 하지만 핀갈라 가족이 도착했을 때, 월드릴리프의 사회복지사, 네팔어 통역사, 또 자원봉사자들은 그들이 수도 워싱턴 DC가 아니라 거기서 아주 멀리 떨어진 워싱턴주 동부의 눈 덮인 스포캔에 배정된 것을 알았다.

그래도 환대는 여전히 따뜻했다. 월드릴리프가 그들을 위해 꾸며놓은 아파트를 회상하며 핀갈라는, "누군가 우리를 위해 냄비 가득 렌틸콩을 요리해 놓아 참 감동했어요"라고 말했다. 거의 20년이라는 세월 동안 너무나 많은 일을 겪었고, 또 여러 나라에서 홀대를 겪었던 핀갈라에게, 그것은 마치 "고향에 온 것 같은" 경험이었다.

물론 어려움도 많았다. 시민운동을 조직하는 일에 익숙했던 핀갈라의 남편은, 첫 직업으로 주로 육체적인 노동을 해야 하는 창문 공장에서 일했다. 이런 변화에 적응하기가 쉽지 않았다. 또한 스포캔의 많은 사람은 이들의 영어 억양을 알아듣지 못했다. 그래도 시간이 지나며 워싱턴주가 그들에겐 집처럼 느껴졌고, 2013년에 그들은 완전히 귀화했다. "저는 한때 난민이었지만, 이제는 미국 시민이에요."[7] 핀갈라는 말했다.

난민 캠프에 갇힌 재능: 콤 이야기

5개 국어를 구사하는 콤 응지바레가(Come Nzibarega)는 언어적 재능 덕분에 20세의 나이에 그의 나라 부룬디에 온 유엔평화유지군을 위한 통역사로 취직할 수 있었다. 지난 몇십 년간 부룬디는 다수를 차지하는 두 민족 간의 갈등으로 신음했다. 그리고 유엔평화유지군을 지원한다는 이유로, 이 젊은 청년은 반군에게 표적이 되었다.

유난히 어두웠던 어느 날 밤, 반군 무리는 조깅을 마치고 돌아오는 콤을 정글 속의 그들 기지로 납치해 갔다. 그곳에서 그를 때리고, 고문하고, 유엔의 작전에 대해 심문했다. 2주 후, 마침내 유엔평화유지군은 기지를 습격했다. 콤은 풀려났지만, 그렇다고 안전한 것은 아니었다. 그리고 집으로 돌아가면 가족마저 위험에 빠질까 봐 두려웠다. 그는 부모와 형제들을 뒤로한 채 다른 지역에 멀리 떨어져 있는 삼촌에게 향했다. 하지만 반군이 자신을 추적한다는 사실을 깨닫자, 그는 부룬디를 떠나기로 마음먹는다.

콤은 결국 수천 킬로미터 떨어져 있는 에티오피아의 한 난민 캠프에 이르렀다. 부룬디에서 온 사람도 몇 명 있었지만, 훨씬 많은 수가 소말리아, 수단, 콩고민주공화국 출신이었다. 지붕이 빗물도 막지 못할 정도로 그곳 환경은 너무나 열악했고, 그는 가족이 끔찍하게 그리웠다. "정말 아무런 소망도 없었고, 내 앞에서 미래가 사라진 것 같아 괴로웠습니다." 콤은 말했다.

또한, 캠프 안에서는 일할 수 없게 되어있어, 그를 비롯해 많은 사람이 자기 재능을 억눌러야 하는 현실에 콤은 답답해했다. "세상에서 가장 풍요로운 곳은 바로 난민 캠프"라고 그는 말한다. "모든 사람이 목적과 은사와 달란트를 지닌 채 창조되었으니까요. 난민 캠프에는 가능성으로 똘똘 뭉친 이들이 많지만, 이 가능성이 발현될 수 없는 곳이기도 합니다. 어쩌면 현재 세계가 직면한 과제에 대해 해결책을 제시할 수 있는 사람들이 난민 캠프에 갇혀 있는 건지도 몰라요."

콤은 많은 시간을 달리는 데 할애했는데, 심리적인 안정에 도움이 되었기 때문이다. 그는 또한 난민 캠프 안의 교회에서 공동체를 만났고, 고통 가운데 신앙이 깊어지는 계기가 되었다. 콤은 "교회는 언젠가 하나님께서 나를 이곳에서 나올 수 있게 하신다는 소망을 갖게 해요. 많은 도움이 되었어요"라고 회상했다. "오로지 하나님이 모든 것을 주관하신다는 사실을 알았을 때 제게 소망과 기쁨이 되었어요. 그 깨달음이 저를 강하게 만들었죠."

유엔난민기구와 미국 정부와의 수많은 면담을 거치며 6년이 지난 어느 날, 친구가 콤에게 와서 그의 이름이 유엔난민기구 사무실 밖에 붙은 재정착 난민 리스트에 포함되었음을 알려 주었다. 처음에 콤은 믿을 수가 없었다. 비현실적으로 느껴질 정도로 좋은 소식이었기 때문이다. 확인 결과, 자기 이름을 거기서 보았다. "제 비전과 꿈을 이룰 수 있게 되었어요." 그는 말했다.

2012년 8월 29일, 콤은 워싱턴주 스포캔에 정착했다. 그는 에리트레아에서 온 또 다른 난민과 룸메이트가 되었고, 좋은 친구이자 조깅 파트너가 된 자원봉사자 제이슨과도 연결되었다. 그는 월마트 야간근무 반에서 일했고, 제네시스교회라는 지역교회에도 몸담았다. 아직 문화적인 차이로 헤매긴 해도(그가 말하길 부룬디에서는 약속 없이 아무 때나 친구 집에 들러도 되지만, 미국에서는 다르다고 말했다), 교회는 그에게 공동체가 되어 주었다.

또한, 콤은 자신이 재정착할 수 있도록 도운 월드릴리프 스포캔 지부의 직원으로 합류하여 다른 난민들이 첫 직장을 잡을 수 있도록 돕는 직업상담사로 일하고 있다. 그는 전 세계에서 온 난민들과 교류하며, 이들이 자립하고 일하면서 난민 캠프에서 부정당했던 존엄성을 찾아가는 모습을 보며 보람을 느낀다.

콤은 공개적으로 말할 기회가 생길 때마다 자기 사연을 전한다. 하나님께서 상상을 초월하는 어려운 시기에 어떻게 자신을 붙들어 주셨는지 간증하며, 아직 난민 캠프에 있는 이들을 잊지 말아 달라고 호소한다. 그는 언젠가 다른 이들이 자기 사연을 전하는 TV 프로그램을 진행할 수 있기를 꿈꾼다.

"저는 고통받는, 세계 각국에 있는 난민들을 대변하는 목소리가 되고 싶습니다"라고 콤은 말했다. "힘든 시간을 보내는 이들에게 제 사연이 힘이 되었으면 합니다. 세상은 스토리를 통해 변화할 수 있다고 진심으로 믿거든요. 예수님도 이야기를 통해 설교하셨어요. 저는 스토리가 가진 힘이 매우 크다고 믿습니다."

당신은 어떤 파라오가 될 것인가?

이번 장에서 당신은 다섯 명의 난민을 만났다. 각각의 사연은 다르지만, 전반적인 특징은 다음과 같다. 난민들은 강인하다. 거의 모두가 자신을 받아 준 나라에 감사한다. 그들은 새로운 나라에서 성공하기를 원하지만, 잃어버린 것들을 슬퍼하기도 한다. 그들은 가족과 공동체를 사랑하며, 아이들에게 더 나은 미래를 주고 싶어 한다. 많은 차이가 있지만 그들은 우리와 별반 다르지 않다.

당신이 사는 지역에 난민이 도착한다는 소식을 들었다면 당신 앞에는 두 가지 선택지가 있다. 당신은 출애굽기의 파라오처럼 그들을 위협으로 여길 것인가? 아니면 꼬리표를 붙이기보다 이들을 차근차근 알아갈 참인가?[8] 요셉의 가능성을 직접 보고 그의 가족을 환대했던 파라오는, 자신뿐만 아니라 국가 전체가 최악의 가뭄을 모면하는 축복을 누렸다. 하나님께서 주권적으로 이 특별한 이방인을 그들 땅에 보내셨고, 그를 떠날 수밖에 없게 한 불의한 상황을 전복시키셨기 때문이다.

1970년 후반부터 수십만 명의 난민을 섬겨온 월드릴리프는 개인에게, 교회에 그리고 국가에, 난민은 축복과 같은 존재라는 결론을 내릴 수 있었다.

◇
4. 우리가 두려워하지 않는 이유
◇

◆

    캘리포니아주 모데스토에 사는 가정주부 엘레나는 아마 미국의 평범한 그리스도인을 대표하는 인물일 것이다. 몇십만 명은 목숨 걸고 유럽으로 피신하거나 그중 일부는 미국으로 오기도 한다는 세계 난민 사태에 관한 뉴스를 본 그녀는 혼란스러웠다. 긍휼 어린 마음이 들면서도, 한편으로 특히 중동의 난민이 자기가 사는 동네에 정착할 수 있다는 소식에는 불편함을 느꼈다. 테러에 대한 위험성이 끊임없이 제기되는데, 이들을 환영하면 자신과 가족도 위험에 빠지지 않을까 하는 두려움이었다.
    많은 미국인은 난민과 그들의 재정착 문제를 들으며 엘레나처럼 양가감정을 공유한다. 그들이 처한 곤경에는 마음이 움직이면서도, 그렇다고 난민을 무턱대고 받아들이는 일은 순진하고, 경솔하며, 심지어 위험한 일로 느껴진다. 경제적, 법적, 안보적, 문화적, 종교적인 차원에서 제기되는 여러 염려를 고려했을 때, 난민을 과연 어떻게 맞이해야 지혜로울까 하는 질문은 타당하다. 이러한 고민을 한번 들여다보도록 하자.

"안 그래도 경제가 어려운데, 불난 집에 부채질하는 건가요?"

복음주의 그리스도인의 표를 움직이게 하는 가장 중요한 이슈는 무엇일까?

난민이나 이민 정책은 아니다. 낙태, 동성결혼 또는 종교의 자유 또한 아니다. 빈곤층을 위한 정책도 아니고, 외교도 아니다. 적어도 최근 여러 설문조사에 의하면 여느 미국인과 똑같다. 바로 경제 문제다.[1] 특히 많은 이들이 매달 겨우 생계를 유지하면서 고생하고 있음을 생각할 때, 난민이 경제적인 부분에 미칠 영향을 고민하는 것은 자연스러운 현상이다. 한 국가로서, 또한 개인적으로는 난민을 배려해야 마땅하지만, 우리에게 과연 그럴 여유가 있을까? 굳이 다른 나라 난민을 돌보기 전에, 이미 우리 주위에도 실직자, 노년층, 장애인, 참전용사, 그 외 해결해야 할 우리 문제도 많은데 말이다.

이러한 질문에는, 난민을 받아들이는 국가가 그들을 그저 비용으로만 여길 것이라는 생각이 전제로 깔려 있다. 많은 미국인은 난민과 이민자들이 경제에 '구멍'을 낸다고 믿지만, 흥미롭게도 수많은 경제학자는 거의 만장일치로 다른 결론을 내린다.

이주에 관한 경제학적 연구는 이민자가 그들을 받아들이는 국가에 오히려 긍정적인 영향을 준다는 사실을 발견했다. 부분적인 이유는 이민자도 소비자이기 때문이다. 이들은 월세를 내거나 대출을 갚고, 음식, 차, 휴대전화, 세탁용 세제 등을 우리와 똑같이 소비하며, 그들의 구매력은 그 나라의 사업체에 이익을 남기고 고용을 창출할 수 있게 한다.

대부분 경제학자가 또한 동의하는 점은, 이민자 덕분에 미국 본토박이 노동자들은 자기 임금 수준에 긍정적인 영향을 받는다는 것이다. 이민자가 근무하는 직종은 미국인이 종사하는 직종과 경쟁 관계가 아닌, 상호 보완적인 관계이기 때문이다. 일례로 아이오와주의 낙농업자가 최근 우리와 나눈 이야기가 있다. 이민자들이 소 젖 짜는 일을 맡아 주었기 때문에 가업을 유지할 수 있었다는 것이다. 아이오와 출신은 이 일에 거의 지원도 하지 않는다. 이민자들이 이 일을 하여, 근방의 아이스크림 공장은 운송비가 부족한 상황에서도 여전히 우유를 얻을 수 있고, 많은 미국 시민을 고용할 수도 있다. 이민 노동자가 없으면 아마 이 아이스크림 공장은 다른 곳으로 이전해야 할 것이고, 결과적으로 많은 시민은 직장을 잃게 될지 모른다. 교육을 적게 받은 미국 노동자들의 임금에 미치는 영향에 대해서는 경제학자들 간에 조금씩 이견이 있기는 하지만(주로 이들이 이민자와 경쟁을 벌인다), 영향이 있다 해도 매우 미미하다는 데에는 대부분 동의한다.[2]

경제학자들은 또한 이민자들이 정부에서 받는 혜택보다 세금을 더 많이 내기 때문에, 그들을 받아들이는 국가의 경제는 긍정적인 영향을 받는다고 말한다.[3] 일례로 미국기업연구소에서는 2009년 한 해 동안 성인 이민자 한 명당 평균적으로 7,826달러(약 9백만 원)를 주정부세, 연방세, 급여세로 지불했으며, 그 가정이 받는 정부 지원(사회보장연금, 복지제도, 푸드스탬프, 실직보험, 메디케이드[미국의 저소득층 의료 보장 제도-역주], 메디케어[미국의 노인 의료 보험 제도-역주] 등)은 평균 4,422달러(약 5백만 원)였다는 연구 결과를 발표했다.[4]

그동안 난민이 경제에 끼치는 영향에 관한 연구는 이민자와 비교했을 때 상대적으로 적었지만(이 둘의 차이점에 대해서는 6장에서 더 다룬다), 난민을 받아들인 국가는 경제적으로 이득을 볼 가능성이 크다는 것을 여러 증거가 보여 준다. 가령 지난 5년간 시리아에서 수백만 명의 난민이 피난하는 상황을 겪으며, 이들 대다수를 받아들인 레바논, 터키, 요르단의 경제는 지난 몇 년간 가장 빠른 속도로 성장했다.[5] 세계에서 가장 출산율이 낮은 국가 중 하나이며 그 탓에 현직자 대 퇴직자 비율이 점점 낮아져 국가 연금 제도를 위협할 수준까지 보이는 독일에서, 시리아 망명 신청자를 80만 명 이상 받겠다는 앙겔라 메르켈 총리의 결단은 긍휼에 기반을 둔 것이기도 하지만, 이는 사실 경제의 장기적 성과를 위한 영리한 정책적 결단이기도 했다.[6]

텍사스대학교의 경제학자 칼레나 코르테즈의 연구에 따르면, 장기적으로 보았을 때(재정착한 지 10년에서 15년 이후), 미국에 난민으로 온 이들이 다른 이유로 미국에 온 이민자들보다 더 많이 벌고 더 길게 일하며 경제적으로 더 앞섰다.[7] 그리고 난민 대부분은 일을 한다. 실제로 난민 남성은 미국 남성 시민보다 취직 상태일 확률이 더 높으며, 난민 여성과 미국 여성 시민의 일하는 비율은 같다.[8]

불법적으로 오는 이민자나, 가족 및 직장의 후원으로 합법적으로 오는 이민자와는 달리, 난민은 일반적으로 처음 도착하자마자 공공 혜택을 누릴 자격을 얻는다. 따라서 다른 이민자보다 난민에게 더 많은 선불 비용이 들어간다. 또한 그들의 재정착 지원에 정부가 지원하는 비용이 있다. 그렇기에 처음 몇 년간 그들에게 들어가는 재정 지원은 그들의 경제적인 기여보다 더 클 수 있다. 뉴욕주 유티카에 있는 난민을 대상으로 한 연구에서는, 그들을 위한 지출(공공 혜택, 교육, 공공 의료보험)을 그들이 내는 세금에 따른 수익과 비교했을 때 난민이 도착한 지 평균 13년 후에 손익분기점을 넘어 순이익으로 계속 이어진다는 것을 밝혀냈다.[9]

오늘날 도착하는 난민이 장기적으로 어떻게 생활하게 될지는 이전 사례를 보며 예측할 수 있다. 1975년에서 1984년 사이, 사이공 함락 시점에서 시작해 미국은 수십만 명의 베트남 난민을 받아들였고, 베트남계 미국인 수는 기하급수적으로 증가했다. 베트남계 미국인은 대체로 경제적인 성공을 일궈 냈다. 미국 인구 전반에 걸쳐 비교했을 때, 그들의 취업률은 더 높으며 가계 소득 또한 평균적으로 살짝 높다.[10] 그리고 이러한 경제적인 성공은 미국 노동자와의 경쟁이 아닌, 주로 사업을 통해 이루어졌다.

예를 들어, 경제학자 마야 페더먼, 데이비드 해링턴, 캐시 크린스키에 따르면, 베트남 난민들은 '즉석 네일샵'을 대중화시켰다. 그들은 네일에 대한 수요를 발견해, 한때 부유층만을 위한 산업이었던 네일샵을 확장하여 일반 미국인에게로 접근성을 넓혔고 결과적으로 새로운 직업과 부를 창출해냈다.[11] 실로 많은 난민에게는 사업가적인 기질이 있다. 빔 타파도 그중 하나다. 네팔의 난민 캠프에서 삶 대부분을 보낸 그는 2013년, 일리노이주 휘턴의 부탄 난민과 지역의 큰 공동체를 고객으로, 작은 식료품점인 '나마스테 식품'을 개업하며 인생의 목적 중 하나를 달성했다. 비슷한 사례로, 우크라이나의 핍박을 피해 워싱턴주 스포캔에 정착한 올가와 아나토일리 필렌코는 제과·제빵, 훈제 생선·고기, 제품, 식료 등 동유럽 커뮤니티를 위한 '키에브마켓'의 주인으로 사업을 시작해 세 군데로 확장했다. 이러한 사연은 난민 사회에서 흔하다. 최근 오하이오주 중부에 사는 난민을 대상으로 한 연구에 따르면, 이들이 사업할 확률은 일반 시민의 두 배라고 한다.[12] 콜럼버스 지역에는 873개의 사업체가 난민 소유이며, 다 합쳐서 3,960명의 직원을 고용하고 있다.[13]

적어도 한 난민이 일군 '소기업'은 현재 세계에서 가장 큰 가치를 지닌 기업[14]이 되어 수만 명을 고용하고 있다. 바로 구글의 공동창업자 세르게이 브린의 이야기다. 그는 여섯 살 때 가족들과 함께 소련의 반유대주의를 피해 미국으로 왔고, 유대인이민지원협회의 도움으로 재정착했다.[15]

경제적인 데이터는 분명하다. 난민은 그들을 받아 주는 국가에 경제적인 기회를 제공한다. 설령 그렇지 않더라도, 그리스도를 따르는 우리는 단순히 손익계산 차원에서 반응해서는 안 된다. 우리는 이웃을 사랑하라는 부르심을 받았고, 예수님께서 말씀하신 선한 사마리아인의 비유에서처럼, 우리가 손해를 볼 수도 있는 상황에서도 이 부르심은 여전히 유효하다.

"이들은 불법이라고요, 못 알아들으시겠어요?"

다른 이유로는 법치를 존중하는 마음에서 난민 재정착 문제를 꺼리게 되기도 한다. 그리스도인으로서 우리는 "위에 있는 권세들에게 복종하라"(롬 13:1)는 부르심을 받았기에, 법이 분명히 말하는 바를 외면할 수는 없다.

사실 재정착한 난민의 경우, 법적인 부분은 그리 복잡하지 않다. 난민들은 미국 국무부가 선별하고, 1980년에 발효된 난민법에 의거, 국토안보부가 이들을 허가한다. 법에 따르면, 이들은 도착하는 날부터 여느 미국 시민과 마찬가지로 취업 허가를 받고 원하는 곳 어디에서도 살 수 있는, 완전히 합법적인 신분이다. 아직 시민권을 얻기 전이라면, 여전히 추방당할 가능성이 있지만(예를 들어 범죄로 유죄 판결을 받았을 시), 그들의 거주는 온전히 합법적이다. 도착 후 1년째부터 이들은 영주권 신청을 할 수 있고(또 그래야 하고), 5년 후에는 미국 시민권 신청을 할 수 있다.

미국에는 물론 불법 체류자와 밀입국자—임시 비자로 들어왔다가 머물거나 불법으로 국경을 넘은 경우—가 많기는 하지만, 이는 난민 재정착과는 아주 다른 문제다. 우리 저자들은 불법 이민자가 처한 곤경을 이해한다. 이 나라에서 그들이 처한 상황과 여기로 들어오려는 어려운 결정을 하게 된 배경들은 단편적이지 않으며 실로 복잡하다. 누군가는 경제적인 이유로 오지만, 다른 이들은 법적으로 난민 인정을 받지 못한 상태에서 폭력과 핍박을 피해 들어오기도 한다.

하지만 미국의 난민 재정착제도를 통해 오는 난민들은 합법적인 경우에 해당한다. 성경은 우리에게 합법과 불법 이민자를 확실하게 구분하라고 가르친다고 주장하는 구약학자 제임스 호프마이어는, 그런 그의 주장에도 "정부는 합법적인 외국인 거주자를 일반 국민과 똑같이 대해야 한다"[16]고 단언한다.

"그냥 그리스도인 난민만 받으면 안 되나요?"

난민 이슈에 관한 몇몇 언론의 선별적인 보도의 영향으로 미국으로 들어오는 모든 난민이 중동에서 온 징병 연령대의 무슬림 남성이며,

테러리스트일 가능성이 크다고 추론하는 사람이 종종 있다.

알고 보면 하나하나가 잘못된 정보다. 지난 10년간 들어온 난민 중 오직 27퍼센트만이 중동 출신이었다. 이 기간에 가장 많이 들어온 난민의 출신 지역은 미얀마였으며, 이 지역 난민의 70퍼센트 이상이 핍박당하는 소수 그리스도인이었다.[17] 사실상 지난 10년간 전 세계를 통틀어 미국 난민 재정착제도의 수혜를 본 종교인 중에는 그리스도인이 가장 많았다.[18]

2006년부터 2015년까지 중동에서부터 입국한 168,242명의 난민만 집중해서 본다면, 여성이나 14세 미만의 어린이가 차지하는 비율은 61퍼센트였다. 이들 중 50퍼센트를 조금 넘는 수가 무슬림이었지만, 39퍼센트는 그리스도인이었다. 해당 지역의 그리스도인 비율보다 훨씬 높은 수치를 기록한 이유는, 그리스도인들이 (다른 소수 종교와 함께) 특별히 핍박받기 때문이다.[19]

2006년에서 2015년 사이 미국의 난민 재정착제도를 통해 들어온 난민 중 그리스도인의 수가 291,285명으로 가장 많은 수를 차지하지만, 많은 비그리스도인 또한 동일 기간에 난민으로 미국에 들어왔다. 여기에는 대부분 부탄에서 온 52,423명의 힌두교인, 대부분 미얀마 부탄에서 온 43,000명의 불교인, 대부분 이란, 러시아, 우크라이나에서 온 2,844명의 유대인 그리고 주로 이라크와 소말리아에서 온 193,000명의 무슬림이 있다.

이슬람 난민의 존재는 특별히 논쟁의 주제가 되며, 정치인과 심지어 영향력 있는 기독교 지도자들마저 이슬람 난민은 다 배제되어야 한다고 주장하기도 한다.

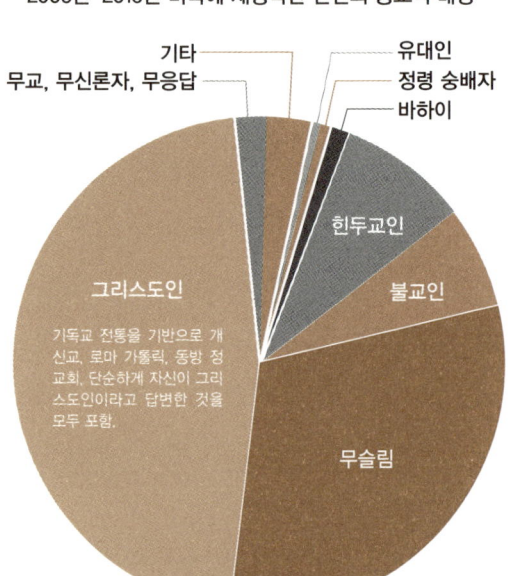

출처: 미 국무부 난민 프로세싱 센터

우리 관점에서 볼 때, 그리스도인은 이슬람에 대응하며 크게 두 가지 오류에 빠질 수 있다. 첫 번째는 기독교와 이슬람은 동일한 하나님께 가는 동등하게 유효한 두 개의 길이며, 결국 본질적으로 같다고 믿는 것이다. 무슬림은 누구나 예수를 시인하고 존경한다고 하겠지만, 이는 어디까지나 예언자로서 믿는 것이며, 그들은 그리스도인의 신앙에서 핵심인 그분이 하나님의 아들이라는 것과 부활하심은 믿지 않는다("그리스도께서 다시 살아나신 일이 없으면 너희의 믿음도 헛되고"[고전 15:17]). 성경이 분명히 가르치듯, 우리는 "[그리스도 외에] 다른 이로써는 구원을 받을 수 없나니 천하 사람 중에 구원을 받을 만한 다른 이름을 우리에게 주신 일이 없[다]"(행 4:12)는 사실을 믿는다. 그리스도인으로서 우리는 스스로 하나님과 화목해질 정도로 선해질 수 없지만, 오직 은혜로—하나님의 용서를 받아들임으로써—그리고 오직 예수로 구원받음을 믿는다.

또한, 동일하게 빠질 수 있는 흔한 오류는 무슬림을 두려워해야 할 적으로 보는 것이다. 우리 저자들(특히 이슬람 문화권의 국가에서 자란 이쌈에게는) 주위에는 많은 무슬림 친구들이 있다. 우리의 경험상, 대다수의 이슬람 난민은 친절하고 가족에 헌신적이며, 자신을 받아 준 국가에 감사하는 마음으로 살아간다. 무슬림 미국인에 관한 어떤 설문을 보면 이들은 대부분 극단주의와 폭력에 반대하며,[20] 이는 그동안 우리의 경험에 비추어봤을 때도 일치하는 사실이다.

만약 미디어에서 기독교 신앙을 성경적인 모습과는 달리 왜곡해서 풍자한다면 우리는 찝찝해할 것이다. 일부의 행태로 인해 그리스도인 대다수가 마치 가난한 사람들을 꾀어 전용기를 사라고 하는 사기꾼이거나, 모든 과학을 의심하는 고집불통이거나, 편협한 혐오꾼 등으로 자주 묘사되곤 한다. 이것이 우리의 실제 모습이 아니듯, 우리 또한 다른 이들을 종교에 따라 고정관념으로 묶어서는 안 된다.

"남에게 대접을 받고자 하는 대로 너희도 남을 대접하라"(마 7:12)는 예수님의 황금률을 적용하면, 우리가 대접받고 싶은 대로 다른 종교 또한 대접해야 한다. 그래야만 우리 신앙이 진정 어떠한 것인지 보일 수 있을 것이다.

이슬람 문화권에서 그리스도인으로 자라온 학자 존 아주마는 "급진적이고 폭력적인 이슬람 단체들의 주요 사상은 이슬람의 경전과 역사에 기반을 둔다"라고 인정하면서도, 이슬람교도 대부분이 이러한 지하디스트 단체들과 같은 생각이라고 주장하는 것은 현실을 호도하는 것이라고 밝힌다. 그는 세계의 이슬람 지도자들은 알카에다나 IS와 같은 테러단체에 대해 "이단적인 찬탈자"라며 반복적이고 공개적으로 이들을 규탄해왔다고 말한다. 서구사회는 별로 신경을 쓰지 않았지만 말이다.[21]

"남에게 대접을 받고자 하는 대로 너희도 남을 대접하라"는 말씀은, 그리스도인의 종교적인 자유가 중요하듯이, 무슬림의 종교적인 자유를 존중하고 옹호하라는 뜻이기도 하다. 실로 다른 이들의 종교적인 자유를 보호하지 않는다면, 우리의 자유도 위험에 빠진다. 우리가 어떤 특정 신앙이나 가르침을 불허해야 한다는 정부(혹은 다수의) 의견에 따른다면, 성경적인 그리스도인의 관점 또한 동일한 잣대로 부적합 판정을 받게 될지도 모르는 일이다. 에드 스테처는 "종교의 자유가 일부만을 위해 존재한다면, 그 자유는 길게 가지 못할 것이다"라고 경고한다.[22]

적은 수의 무슬림이 이슬람의 이름으로 끔찍한 테러를 자행했다는 현실을 무시하려는 것이 아니다. 다만, 설령 아주 적은 소수가 우리가 그리스도인이라는 이유만으로 해를 가하려 한다 하더라도, 그리고 이들을 적이라 간주할 이유가 충분하다고 해도, 예수는 우리가 증오로 반응하는 것을 금하신다. 성경은 정부에게 악인을 응징할 정당한 권리와 책임이 있다는 사실을 분명히 하면서도(롬 13:4), 우리가 아직 그분의 원수였을 때 그리스도께서 우리를 환영하고 맞아 주신 것처럼(롬 5:10), 우리 또한 적을 사랑하고, 그들을 위해 기도하고, 이들에게 먹을 것과 마실 것을 제공하라고 명령하신다(마 5:44; 롬 12:20 참조).

우리가 무슬림에게 사랑과 존중으로 반응할 때, 비로소 우리는 그들을 예수께로 이끌 놀라운 기회를 잡을 수 있다. 반대로 우리가 그들을 악마화하거나 피할 때, 우리는 비방의 죄를 범할 위험에 빠질 뿐 아니라 예수를 따르려는 고민을 할 기회를 그들에게서 박탈하고, 소외된 무슬림이 그리스도인을 적으로 돌리기를 바라는 극단주의자들의 계략에 놀아난다.

텍사스주 프리스코의 프로비던스교회를 담임하는 압신 자파트 목사의 간증은 이러한 접근 방식이 왜 정말 중요한지를 보여 주는 놀라운 사례다. 압신의 가족은 1979년 이란 혁명 당시 핍박을 피해 건너왔다. 압신의 가족은 하필 미국인들이 이란에 인질로 잡혀 있던 때에 휴스턴에 정착하여, 미국에서 더한 핍박을 경험했다. 창문으로 돌이 날아오고, 타이어가 찢어지며, 학교에서는 왕따도 당했다. 하지만 한 여성—2학년 압신의 영어 선생님—은 그를 다르게 대했다. 선생님은 압신에게 친절과 사랑을 베풀었고, 성경책을 선물했으며, 수년 후 이 성경을 읽은 압신은 예수를 따르는 자가 되었다. 결국, 그는 목회자와 지도자가 되어 이슬람 환경에서 자란 이들을 포함해 수만 명에게 복음을 전하는 자가 되었다.

"만약 다른 미국인이 나에게 그 신약성경을 주었다면 나는 그것을 던져 버렸을 거예요. 그들을 믿지 못하는 상태였으니까요." 압신은 말했다. "무슬림을 그리스도께 인도하고 싶으시다고요? 그렇다면 그럴 만한 자격부터 갖춰야 할 겁니다."[23] 우리가 이웃을 사랑하라는 성경의 명령(눅 10:27)에 충실할 때, 또 "뭇 사람을 공경"(벧전 2:17)할 때, 비로소 그 자격을 얻을 수 있다.

"그들은 우리를 죽이려 한다고요!"

많은 미국인이 이슬람 난민에 대해 우려하는 바는 안보 위협에 따른 두려움과 연관이 깊다. 2001년 9월 11일에 일어난 테러는 아직도 많은 시민의 뇌리에 박혀 있으며, 이러한 공포감은 최근 파리, 샌 버나디노(캘리포니아주), 브뤼셀에서 벌어진 이슬람 극단주의 테러로 되살아났다.

이들 테러 중 난민이 일으킨 사건은 단 한 건도 없다. 9/11 때 비행기 납치범들은 관광객, 비즈니스, 학생 비자로 들어왔으며, 난민은 아니었다.[24] 파리와 브뤼셀의 테러범들은 유럽 시민이었으며, 이들이 난민 신분을 받았던 적은 없었다.[25] 샌 버나디노의 테러범들은 미국에서 태어난 미국 시민과 약혼 비자로 온 그의 아내였다.[26]

하지만 여전히 많은 사람이 테러리스트가 미국의 난민 재정착제도를 이용해 침투할 것을 걱정한다. 이러한 염려는 자연스러운 것이며, 우리는 신중해야 한다. 하지만 우리는 또한 그 테러와 폭정을 피해 들어온 난민을 또다시 위험에 빠뜨릴 수 있는 과잉반응을 자제해야 한다. 복음주의협회의 리스 앤더슨 회장은 "물론 테러리스트가 이 나라에 오는 것은 막아야 하겠지만, IS 피해자들에게 IS 범죄의 책임을 묻지는 맙시다"[27]라고 말한다.

실제로 미국 정부는 재정착 대상자들을 이미 철저하게 심사하고 있다. 유엔난민기구의 초기 심사를 거친 후, 미국 재정착 대상자들은 미 국무부, 국토안전부, 국방부, 연방수사국(FBI), 국가테러대책센터의 협조를 통해 길고 긴 검열 과정을 거친다. 보통은 최소 18개월에서 그 이상 걸리며, 여러 번의 직접 면담, 신청자의 난민 주장을 확인하는 제3자 면담, 지문과 망막 스캔을 포함한 생체 조사, 범죄 및 테러혐의자 데이터베이스 대조 그리고 건강 진단이 포함된다. 이 과정을 모두 탈 없이 통과한 난민만 미국으로 오는 항공권을 구매할 수 있다. 만약 난민의 이야기가 일치하지 않거나 정보당국이 검증할 수 없다면, 그 난민은 미국에 들어올 수 없다.

아직 심사를 거치지 않은 망명 신청자들이 대륙의 연안과 국경으로 대거 몰려드는 유럽의 상황과는 확연하게 다르다. 도착하면 어느 정도 신원 조사는 할 수 있겠지만, 미국만큼 꼼꼼하고 선별적인 절차를 밟지는 않는다. 유럽과 다르게 미국은 시리아, 이라크, 아프가니스탄 그리고 에리트레아처럼 분쟁 지역과 대양 하나를 건너 떨어져 있기 때문이다.

정보 당국이 항상 완벽하지 않다는 점과 완전히 보장된 안전이란 없음을 고려하더라도, FBI의 제임스 코미(2013-2017년 역임-역주) 국장은 난민 심사에서 연방수사국은 정보 및 다른 기관들과의 협조를 통해 효과적인 절차를 진행한다고 밝혔다.[28] 실제로 난민 심사 과정은 미국의 어느 이민자나 방문자가 거쳐야 하는 과정보다 훨씬 더 힘든 일이다.[29] 테러를 작당하는 자가, 미국에 매년 들어오는 7천만 명의 방문객 중 한 명으로 훨씬 덜 꼼꼼한 검문을 통과하는 선택을 하지 않고, 매년 8만 5천 명가량의 난민 중에 포함되어 미국에 오겠다는 선택은 비상식적이다.[30] 테러리스트가 난민 재정착제도를 통해 미국으로 올 수 있는 확률을 분석한 연구원 알렉스 나우라스테는 다음과 같은 결론을 내린다. "미국 본토를 공격하려는 IS 전사 혹은 테러리스트에게는 삼엄하게 경비를 서는 난민 관문보다 더 싸고, 더 쉽고, 더 성공 확률이 높은 수만 가지의 다른 선택지가 있다."[31]

미국의 난민 심사 과정

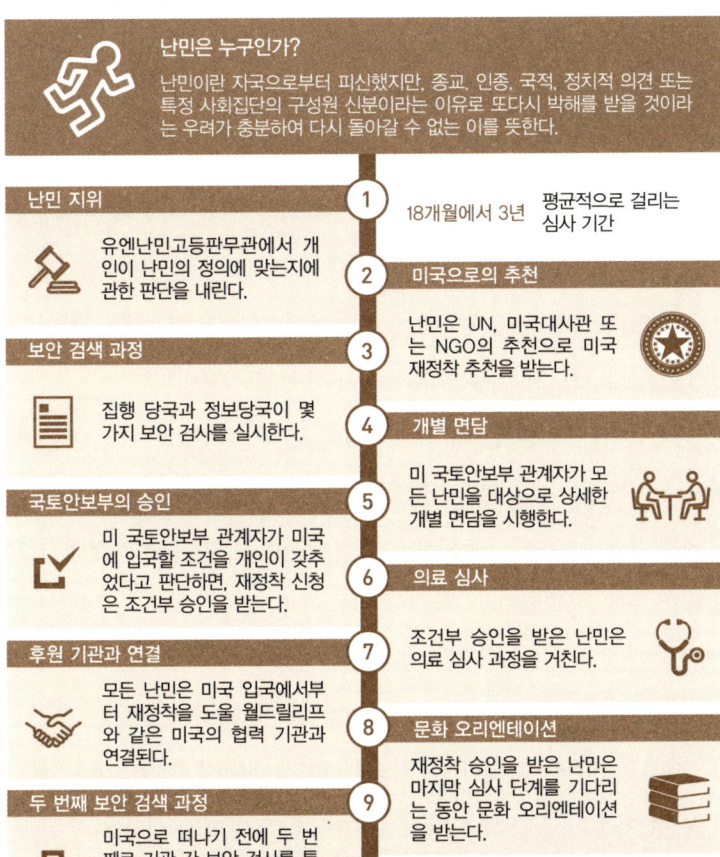

<출처: 이민정책연구소, 미국난민위원회, 미 국무부>

실제로 1970년 후반부터 미국 난민 재정착제도를 통해 들어온 3백만 이상의 난민 중 미국 국경 안에서 테러를 일으킨 이들은 단 한 명도 없으며, 이는 이 검증제도의 견고함을 증명한다.

2001년부터 아주 적은 수의 재정착 난민이 테러 관련 혐의로 유죄판결을 받거나 기소되었지만, 미국에 위협이 될 만한 경우는 없었다.[32] 설령 난민이 벌인 테러가 발생하더라도 위험에 처한 난민을 돌보는 우리의 성경적인 책무에는 변함이 없겠지만, 현실에선 이미 존재하는 심사 제도가 매우 효과적임이 확인된 상황이다.

언론은 난민에 의한 테러 가능성에 큰 관심을 보이지만 9/11 사태 이후 이슬람 극단주의 영향을 받은 테러 중 70퍼센트는 '미국인'의 소행이었다. 이 중 대부분이 미국 태생이며, 기독교 가정에서 자랐지만 후에 이슬람으로 개종한 이들이 많았다.[33] (2001년 이후, 백인 우월주의자 및 반정부 극단주의자와 연관된 테러에 따른 사망자 수는 이슬람 관련 테러에 따른 사망자 수와 같거나 더 많았다.)[34] 테러리스트 중 외국에서 태어난 경우라 하더라도, 몇몇은 미국 내에서 급진주의에 빠졌다. 가령 가족이 관광객 비자로 왔지만 후에 망명자 신분을 부여 받아 미국에 사는 동안 급진주의를 접해 2013년 보스턴 마라톤 대회에서 폭탄을 터뜨린 타메를란과 조하르 차르나예프 형제의 경우와 같이 말이다.[35] 실제로 헤리티지재단의 분석에 의하면, 9/11 사태 이후 미국 내 60번의 이슬람 관련 테러 음모 중 49번이 "미국산이라고 봐도 무방"하며, 이들 사례는 모두 미국 시민 혹은 외국인이 미국에 도착 후 급진주의에 빠지면서 일어난 일이었다.[36] 지하디스트 테러리즘은 분명한 위협이지만, 미국으로 들어오는 무슬림을 막는다고 해결될 문제가 아니다.

오히려 무슬림을 못 들어오게 막는 것이야말로 극단주의 단체들이 원하는 바로, 모든 무슬림이 미국을 적으로 여기길 꿈꾸는 그들의 바람을 돕는 꼴이 된다. 역으로, 우리 또는 그리스도인이 다수인 국가가 모두를 위해 종교의 자유를 수호한다면, 그리스도인의 권리와 다른 소수 종교인의 권리가 이슬람이 다수인 국가들에서 상호 존중되는 일이 일어날 것이다. 2016년 1월 모로코에서 소수 그리스도인을 보호하라고 이슬람 지도자들이 선언한 예에서 볼 수 있듯이 말이다.[37]

미국 정부가 국민을 보호하는 것은 마땅한 일이며 우리는 정부에 이를 기대할 수 있지만, 교회도 맡은 역할이 있다. 급진주의로 빠질 가능성이 가장 큰 이들은 사회에서 소외되거나 고립된 이들이다.[38] 우리가 적극 무슬림(또는 사회에서 환영받지 못하거나 소외당했다고 느끼는 모든 사람)에게 친절함으로 다가갈 때, 기독교와 이슬람이 서로에게 적이라고 주입하는 테러리스트의 주장을 삶으로 반박할 수 있다. 꼼꼼한 심사 과정도 과정이지만, 난민으로 온 이들이 단 한 번도 테러를 일으키지 않았던 다른 이유는, 바로 이들이 '환영받았기' 때문이 아닐까. 난민정착지원 단체(지역교회나 자원봉사자가 함께하기도 한다)가 공항에서 이들을 맞이하는 것과, 도착하는 날부터 미국인 친구가 생기는 상황은 모든 이민자에게 허락되는 경험은 아니기 때문이다.

삶에는 항상 위험 요인이 있기 마련이지만, 난민을 환영해 생기는 안보적인 위험 요인은 다른 종류의 위협과 비교했을 때 매우 낮은 편이다. 실제로 미국에서 지하디스트 테러가 일어날 위험은—비록 언론의 이목을 집중시키는 일이긴 하지만— 다른 종류의 위험과 비교할 때 발생 확률이 매우 희박하다. 미국 월드비전 회장 리치 스턴스(1998-2018년 역임-역주)는 이 사실을 언급하며, 최근 이슬람 극단주의로 희생된 미국인보다 개에 물려 죽은 미국인이 더 많음에도, 무슬림 입국을 금지하자는 의견은 많은 반면, 개를 금지하라는 말은 없다고 꼬집었다.[39] 9/11 사태 이후 사고나 자살을 제외하고, 20만 명의 미국인이 미국 내에서 살인으로 희생되었지만, 그중 60명 만이 이슬람 급진주의 테러리스트에게 살해당했다.[40]

우리가 두려워하지 않을 이유

난민이 지역사회에 들어오는 것을 복잡한 심경으로 보았던 엘레나는 자신의 두려움과 맞서 보기로 했다. 성경을 공부하며, 말씀이 분명하게 "너희와 함께 있는 거류민을 너희 중에서 낳은 자같이 여기며 자기같이 사랑하라"(레 19:34)고 명령한다는 사실을 깨달은 그녀는 월드릴리프 모데스토 지부에 자원봉사자로 지원하여 대계명을 실천하기로 했다. 처음에 그녀는 새로 도착한 난민 가정이 장을 볼 수 있도록 도왔고, 이후 그들에게 차 한 잔을 같이하자고 초대받았다. "정말 큰 축복을 받은 경험이었어요." 엘레나는 이렇게 회상하면서, 자기 가족과 다를 바 없는 이 사람들을 알아가며 이전에 가졌던 의구심이 사라졌다고 말했다.

실로 "두려워 말라"는 성경에서 가장 많이 반복되는 명령이다. 난민 문제를 다루면서, 우려를 표하고 우리 정부가 사려 깊게 행동하기를 바라는 것은 정당한 요구다. 하지만 사실상 두려워할 이유는 별로 없다고 믿는다. 경제적, 법적, 종교적, 안보적인 우려 중 많은 부분이 오해에서 비롯되었거나 또는 과장되었기 때문이다.

설령 난민을 환영하는 것이 실제로 안전하지 않다고 하더라도, 하나님의 계명은 여전히 유효하다. 두려워할 것이 없어서 "두려워하지 말라"는 것이 아니라, "내가 너와 함께"(창 26:24; 렘 1:8; 마 28:20)하므로, "하나님은 우리의 피난처시요 힘이시니 환난 중에 만날 큰 도움"(시 46:1)이시기 때문에 두려워하지 말라고 그분은 말씀하신다.

C. S. 루이스의 「나니아 연대기」(The Chronicles of Narnia, 시공주니어)에서 루시는 비버 아저씨에게 사자 아슬란이 '안전한' 존재인지 묻는다. 비버 아저씨는 말한다. "당연히 안전하지 않죠. 하지만 좋은 분이세요." 그리스도에 관한 진실은 그리스도인의 삶에 관한 진실과 동일하다.[41] 안전함을 추구하는 것은 좋지만, 우리가 예수님을 따

르기로 한 이상 그것은 우리의 궁극적인 가치가 될 수 없으며, 되어서도 안 된다. 예수님은 우리에게 명백하게 "몸은 죽여도 영혼은 능히 죽이지 못하는 자들"(마 10:28)을 두려워하지 말라고 하신다. 우리는 자신과 가족을 보호하기 위해 합당한 행동을 취할 수 있지만, 안전이 우상이 되어서는 안 된다. 우리가 따르는 주님은 "우리를 위하여 목숨을 버리[신]"(요일 3:16) 분이시며, 그분을 따르려면 우리 또한 동일한 각오를 해야 한다고 분명히 말씀하시기 때문이다(눅 14:26-27).

궁극적으로 우리는 정부를 믿기 때문이 아니라(물론 미국의 난민 재정착제도는 눈부신 성과를 보이고 있다), 하나님을 믿기에 두려운 상황에서도 난민을 환영할 수 있다. 우리는 도착하는 이들을 사랑하기로 결단한다. "사랑 안에 두려움이 없고 온전한 사랑이 두려움을 내쫓[는다]"(요일 4:18)고 믿기 때문이다.

5. 난민 재정착 과정: 이방인에서 가족으로

"사우스캐롤라이나주 스파르탄버그의 한 아파트에서, 아메드는 뜨거운 차 한 잔과 새로운 삶을 위한 계획을 끓인다."[1] 제이미 딘 기자는 이라크에서 탄압을 피해 온 난민 아메드의 앞에 놓인 미래를 희망차게 소개했다. 아메드가 처음 사우스캐롤라이나주에 도착했을 때 지역교회에서 한 가정이 그를 따뜻하게 맞이했다. 그는 계속 교육을 이어 나가는 등 여러 계획을 그려 갔다.

하지만 몇 달이 지났고, 새로운 삶에 적응하는 일은 마냥 쉽지만은 않았다. 문화, 관습, 음식은 그가 기대한 '평범한'과는 완전히 거리가 멀었다. 여전히 그는 자신을 도망치게 한 탄압에 따른 트라우마에서 완전히 자유롭지 못하다. 그리고 창고 일은 석사학위가 있는 그에게 힘들고 지루했다. 물론 아메드는 "이것으로 먹고살고 생활비를 낼 수 있다면 최고의 직장이죠"라고 말한다.

문화적인 차이 극복과 같은 일반적인 도전 말고도 그에게는 또 다른 어려움이 있었다. 바로 난민에 관해 양극화가 심한 스파르탄버그의 분위기이다. 많은 지역교회가 난민을 환영하려고 등록은 했지만(월드릴리프 지역 지부가 받은 지원 가정의 수를 뛰어넘을 만큼), 지역사회의 다른 이들은 난민에게 적대적이었고, 특히 이슬람 국가에서 오는 이들에게는 더욱 그러했다. 고등학교 식당에서 열린 주민회의에서 한 지역 주민은, 이들이 다 추방되어야 하며, 그게 불가능하다면 총으로 쏴 버려야 한다고 말했다.[2] 아메드는 난민에 대한 이 동네 분위기를 알기 때문에, 웬만하면 그의 신분을 떠벌리고 다니지 않는다.

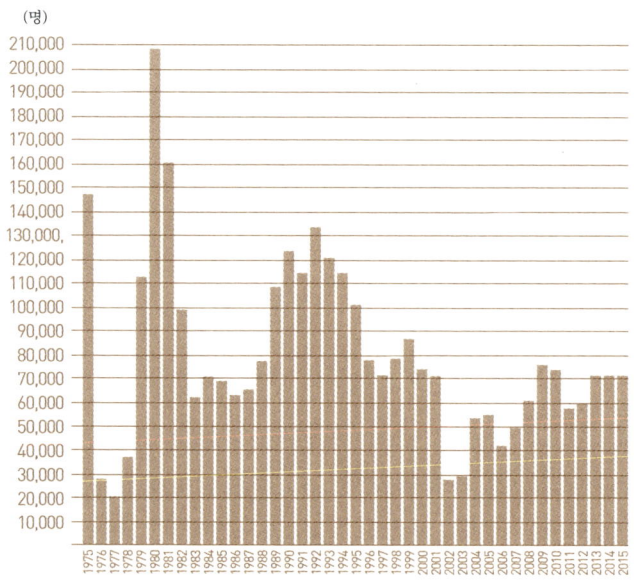

미국이 받아들인 연도별 난민 수

출처: 미국 국무부 난민 프로세싱 센터

아메드는 2007년부터 미국의 난민 재정착제도를 통해 들어온 약 12만 5천 명의 이라크 난민 중 한 명이며, 동일한 기간 전 세계에서 약 60만 명의 난민이 미국 땅을 밟았다. 1980년 발효된 난민법에 따라 미국 난민 재정착제도가 공식적으로 제도화된 이후, 3백만 명가량의 난민이 미국에 정착했다.[3]

100여 개의 국가에서 유입되는 난민은 다양한 문화, 언어, 인종, 종교적인 배경을 갖고 들어온다. 3장에서 보았듯, 그들의 이야기는 다채롭다. 본국에서 탄압받을 것을 두려워해서 피난한 이들인 만큼, 정식으로 난민 인정을 받기 전에 그들은 '난민'의 정확한 법적인 정의에 부합함을 증명해야 한다. 하지만 어떤 난민이 재정착할 수 있으며 결국 어떻게 되는지는 누가 결정하는가? 그리고 난민으로 마침내 이곳에 재정착하여 새로운 삶을 시작하려면 어떤 과정을 거쳐야 하는가?

난민 문제를 위한 세 가지 해결책

미국 같은 제3국으로의 재정착은 난민 중에서도 극소수만이 경험하는 '항구적인 해결책'이다.[4] 2014년 전 세계 2천여만 명의 난민 중 오직 0.5퍼센트 정도인 약 105,300명만이 제3국에 재정착할 수 있었다.[5]

나머지 두 가지 항구적인 해결책은 온전히 안전하다고 믿을 만한 상황일 때 자발적으로 본국에 돌아가거나 또는 주로 인접 국가인 첫 망명국에 완전히 정착하는 방법이다. 일례로 시리아 난민 중 약 100만 명이 레바논으로 피신하여, 현재는 그 나라 인구의 4분의 1을 차지하게 되었다. 파키스탄에는 150여만 명의 난민이 살고 있으며, 이들 난민은 주로 이웃 나라 아프가니스탄 출신이다. 또한 에티오피아는 세계에서 가장 가난한 나라 중 하나지만, 그럼에도 인접국인 소말리아와 에리트레아에서 박해로 쫓겨온 65만 명 이상의 난민을 받아들였다.[6]

이러한 난민들은 합법적인 영주 자격, 이동의 자유, 주민—최종적으로는 시민—으로의 사회적인 통합, 경제적 자립을 위해 일할 수 있는 법적 권리가 주어지지 않는 이상, 첫 망명국에 '통합'되었다고 할 수 없다.[7]

대부분의 수용 국가는 난민이 현지에서 자국민과 동화될 기회를 주지 않으려 하고, 애초에 난민을 발생시킨 분쟁도 몇 년 혹은 몇십 년간 이어져 그들이 다시 돌아가기에는 위험한 상황이 지속된다. 이러한 상황에서 제3국으로의 재정착이 필요하지만, 이 또한 선택된 소수에게만 주어지는 기회이며, 굉장히 오래 걸리는 과정이다. 평균적으로 처음 난민이 본국을 떠나 영구적인 환경에 완전히 정착하기까지 걸리는 시간은 17년 정도로 알려져 있다.[8]

예를 들어 지난 10년간 월드릴리프는 부룬디 국적자의 재정착을 도왔는데, 대상자는 대부분 부모나 조부모가 1972년 대학살을 피해 자국을 떠난 난민들이었다. 미국에 들어올 때 이들은 이미 난민 캠프에서 수십 년의 세월을 보낸 후였는데, 이는 부룬디의 계속되는 긴장 상태로 고향으로 돌아갈 수가 없었고, 1차 수용국가인 탄자니아 또한 현지 통합의 가능성을 주지 않았기 때문이었다.[9] 많은 이들이 삶 전체를 난민 캠프에서 보낸 상황이었다.[10]

전 세계 난민 중에 약 3분의 1이 난민 캠프에서 망명 생활을 하지만, 다른 이들은 주로 수용 국가의 분명한 혹은 암묵적인 동의로 도시나 마을 등에서 '도시 난민'으로 살아간다.[11] 캠프에 있든 도시에 있든, 대부분의 난민은 일반적으로 합법적인 취직이 불가능한 상태이기에, 존엄성 있게 자급자족할 기회가 박탈된다. 누군가는 비공식적으로 일할 기회를 잡아 생계를 유지하지만, 많은 이들은 유엔이나 다른 비정부단체를 통한 식량 배급 및 구호품에 의지할 수밖에 없는 상황이다.

누가 재정착 과정에 선택되는가?

미국이나 다른 국가로 재정착하는 적은 비율의 난민은 주로 유엔난민고등판무관(United Nations High Commissioner for Refugees, UNHCR)으로도 불리는 유엔난민기구에 등록하면서 선택 과정이 시작된다.

유엔난민기구의 첫 번째 역할은 등록한 개인이 난민의 법적인 정의에 모두 부합하는지 확인하는 것이며, 난민 후보자와의 면담으로 이루어진다. 피난하게 된 상황과 이유 그리고 관련된 신상 정보 등을 기록한다.

유엔난민기구에 등록을 마치면 난민은 재정착 검토 대상자로 오르지만, 재정착 자체가 드문 상황이기에 몇 가지 기준에 따라 우선 순위를 어디에 둘 것인지 판단한다. 아래와 같은 기준이 여기에 포함된다.

- 떠나온 국가로 돌아갔을 때 안전이 보장되지 않거나 본국으로 강제송환될 위험이 있는 경우
- 고문이나 다른 폭력을 경험하고, 트라우마가 재발할 수 있거나 혹은 제대로 치료를 받을 수 없는 경우
- 심각한 질병이 있지만 피난한 국가에 구명 치료 방안이 부족하거나 부재한 경우
- 성폭력 위험에 노출된 여성과 여자 어린이
- 가족과 떨어져 있지만, 재정착하면 상봉이 가능한 개인
- 고아거나 부모 혹은 보호자가 없는 경우를 포함해, 위험한 환경에 처한 아동
- 현지 통합이나 본국으로 자발적으로 귀환할 가능성이 아예 없는 경우[12]

위 조건들을 관통하는 주제를 살펴보면, 이들은 난민이 처할 수 있는 가장 취약한 사례에 해당함을 알 수 있다. 재정착은 난민들에게 다른 모든 합리적인 가능성이 사라졌을 때의 마지막 희망이자 생명줄이다.

해외 난민 심사 과정

유엔난민기구에서 개인이나 가족을 재정착 검토 대상자로 추천하면, 국무부(혹은 캐나다, 스웨덴, 호주 등 재정착 국가의 정부 기관)는 자체 절차를 시작한다. 미국 역시 정부에서 직접 특정 난민 그룹을 지정 및 선별하며, 이는 유엔난민기구의 추천과는 별도로 이루어진다.

주로 비정부단체의 주도로 미 국무부와의 협력으로 운영되는 재정착지원센터는 미국 재정착이 고려되는 이들의 모든 신상 정보 서류를 준비하고, 신원 조회를 시작하며, 난민이 재정착 심사 과정을 이해할 수 있도록 돕는 역할을 맡는다.

여기서부터 재정착 고려 대상인 난민은 안보 면담 진행을 위해 특별히 훈련된 미 국토안보부 관계자와의 면담을 반드시 거친다. 많은 경우 면담이 잡히기까지 수개월 또는 심지어 수년이 걸린다. 관계자는 신원 조회를 위한 생체 정보를 수집하고, 이들의 이야기가 정보당국의 자료 및 3자 면담과 일치하는지 점검하며, 이 개인이 법적으로 난민이 확실하고 미국에 위협이 될 만한 요소가 없다는 부분을 확인한다. 생체 정보와 신상 정보는 연방수사국, 국가테러대책센터, 국토안보부, 국무부, 국방부에서 운영하는 여러 데이터베이스와 대조, 조사된다.

안보 면담이 잠정적으로 통과된 후 해당 난민은 건강 진단을 받는다. 재정착 요건에 부합하려면 이들이 미국의 공중보건에 위협이 되지 않는다는 의사 소견이 필요하다. 여기서 통과되면 재정착지원센터로 다시 가서 문화 교육을 받는다. 여러 가지 보안 검증과 의료 검증은 일정 기간만 유효하며, 하나를 기다리는 동안 다른 하나가 만료되면 다시 검증을 받아야 한다. 절차가 이러하므로 재정착 검토 대상자로 선별되는 시점부터 완료 후 떠나는 날까지 일반적으로 최소 18개월이 걸리며, 보통은 이보다 시간이 더 필요하다.

결국 이 모든 과정을 끝내면, 난민이 미국으로 갈 수 있는 이동 수단을 국제이주기구(IOM)에서 마련한다. 국제이주기구에서 표를 대신 구매하지만―대가족이 국제선 비행기를 타면 수천에서 수만 달러가 든다―이는 난민이 재정착 후 갚아 나가야 할 무이자 대출이다. 이 대출을 갚아 나가는 것은 난민이 신용 기록을 쌓는 데 도움이 된다.

비행기를 타고 몇 번의 환승을 거치면서 여독이 쌓이고, 오는 길에 여러 문화 충격을 경험한 난민은, 마지막으로 관세국경보호청의 관계자와 신원을 확인한다. 이곳부터는 재정착 지원 단체에서 나온 사람이 난민을 맞이하고, 그들은 새로운 삶을 시작한다.

재정착 지원 단체

해외에서 심사 중인 난민 검증의 마지막 단계에서 미 국무부는 각 사례를 월드릴리프를 포함한 아홉 곳의 비영리 자원단체 중 한 곳과 연결한다.[13] 각 단체는 난민 재정착을 돕는 지역에 지사와 관련 단체 네트워크를 가지고 있다. 총괄적으로 이 아홉 단체는 수도인 워싱턴 DC를 포함해 거의 모든 주에 이들을 정착시킨다.

2015년도에 미국에 정착한 난민

주	수	주	수	주	수	주	수
앨라배마	97	일리노이	2,439	몬태나	0	로드아일랜드	145
알래스카	110	인디애나	1,690	네브래스카	1,068	사우스캐롤라이나	249
애리조나	2,960	아이오와	815	네바다	648	사우스다코타	494
아칸소	11	캔자스	610	뉴햄프셔	428	테네시	1,440
캘리포니아	5,611	켄터키	1,930	뉴저지	328	텍사스	6,857
콜로라도	1,625	루이지애나	133	뉴멕시코	194	유타	1,041
코네티컷	510	메인	402	뉴욕	3,904	버몬트	320
델라웨어	3	메릴랜드	1,453	노스캐롤라이나	2,369	버지니아	1,266
워싱턴 DC	4	매사추세츠	1,666	노스다코타	518	워싱턴	2,545
플로리다	2,309	미시간	2,714	오하이오	2,898	웨스트버지니아	23
조지아	2,803	미네소타	2,119	오클라호마	548	위스콘신	1,272
하와이	3	미시시피	15	오리건	949	와이오밍	0
아이다호	961	미주리	1,352	펜실베이니아	2,668		

출처: 미 국무부 난민 프로세싱 센터

아홉 단체의 관계자들은 정기적으로 모여 앞으로 몇 달간 재정착하는 사람들을 분담하고, 이어 각자의 네트워크를 통해 분배하여 일을 진행한다. 이미 미국 어딘가에 가족이나 친지가 있다면, 난민이 정착하게 될 지역 선정 시 중요하게 고려한다. 추가적으로는, 건강상의 문제가 있는 경우 이에 맞춘 의료 복지를 잘 갖춘 곳으로 보내기도 하고, 또는 특정 지역의 직원이 새로 오는 난민의 언어를 구사할 수 있다면 그곳으로 가기도 한다. 때로는 이 모든 것을 넘어, 그냥 운에 맡기기도 한다. 최근 매년 약 7만에서 8만 5천 명의 난민(오바마 행정부[2009-2016] 시절에 해당하며, 트럼프 행정부는 이를 대폭 낮춰 2018년 현재 3만 명도 채 안 되게 들어오고 있다-역주)이 들어오는데, 전국에 골고루 분산되기도 하고, 소도시와 교외 지역으로 가기도 한다.

재정착 지원 단체의 중요한 기능 중 하나는 더 큰 단위의 지역사회 차원에서 사람들이 난민을 이해하고 난민의 현지 통합을 돕도록 하는 것이다. 새로운 지역에서의 재정착이 시작되기 전과 그 이후에도 재정착 지원 단체는 지역의 복지 제공자들, 새 직장이 될 사업체 그리고 학교, 경찰, 공무원, 종교 단체 등과 함께 이 문제를 꾸준히 의논한다.

난민이 도착하면 재정착 지원 단체는 처음 몇 달간 기본적인 보살핌과 지원을 책임지며, 이후 지역사회에서 자급자족할 수 있도록 돕는다. 또한 살게 될 집에 가구를 채워 넣고, 문화적으로 알맞은 첫 끼니를 준비하고, 공항에서 이들을 환영하고 맞이한다(추운 지역으로 오면 겉옷도 준비한다). 처음 며칠 동안 사회복지사는 가정이 의료 검진을 받을 수 있도록 안내하고, 사회보장카드를 비롯해 푸드스탬프와 다른 공공복지 혜택을 받을 수 있도록 등록을 도와 정착 초기 생활을 지원한다.

재정착 지원 단체의 직원들은 또한 아이들—이곳에 정착하는 난민의 약 3분의 1이 18세 미만이다[14]—이 학교에 등록할 수 있도록 도우며, 어른들에게는 문화 교육, 영어 교육, 직무 교육 등을 받고 첫 직장을 얻도록 여러 기회에 연결해주는 역할을 담당한다. 목표는 일할 수 있는 모든 어른—어린이, 노인, 장애인을 제외한 거의 모든 이들—이 취업을 하게 하여, 도착 후 몇 개월 안에 재정적으로 자립해 스스로 월세와 다른 생활비를 해결할 수 있도록 하는 것이다.

난민 재정착 지원 단체들은 공공과 민간이 합하여 기금을 마련한다. 미 국무부에서는 난민 1인당 고정금으로 미화 2,025달러(약 230만 원)를 지급하는데[15] 대부분은 직접 경비로 사용되고, 아파트 등 거주지의 초기 몇 개월 월세, 그리고 가구 및 가정용품 구입비 등으로 나간다. 남는 보조금은 사회복지사를 포함한 단체 직원의 인건비로 쓰인다. 재정착 지원 단체는 주로 미국의 보건사회복지부로부터 난민의 여비 대출 상환금의 일부에서 추가 지원을 받으며, (모든 주는 아니지만) 몇몇 주의 주정부 또는 지방 정부의 보조도 받는다.

하지만 재정착 활동을 지원하는 공공자금은 난민의 정착과 통합에 실질적으로 들어가는 전체 비용을 다 해결하지는 못한다. 재정착 지원 단체들은 교회, 재단, 개인으로부터 후원금을 모금하는 등 민간 기부에 의지한다. 또한 가구, 식기, 냄비 등 새로 오는 이들의 집을 꾸밀 가정용품과 같은 비현금 품목도 기증받는다. 월드릴리프에서는 지역교회나 모임들에 이러한 주요 물품들을 담은 '환영키트'를 모으도록 독려한다.

마지막으로 어느 재정착 지원 단체에서나 자원봉사자들의 역할은 중요하다. 보조 지원 차원에서도 물론 중요하지만, 어쩌면 난민의 친구가 되어 주는 일이 더욱 소중한 역할일 것이다. 특별히 월드릴리프는 그저 난민을 잘 섬기는 것뿐 아니라(물론 이 또한 잘하려고 노력하지만) "지역교회가 취약한 지체를 섬길 수 있도록 지역교회의 역량을 키우는 것"도 목적에 포함한다. 우리는 난민이 정착하는 지역교회와의 친밀한 협력을 통해서만 이 사명을 이룰 수 있다. 교회 안의 팀이나 개개인은 우리 직원이 하는 것보다 더욱 친밀한 관계를 맺고 난민 가정들과 교류할 수 있다.

미국 너머의 상황

우리는 미국으로 들어오는 난민 재정착에 전문이지만, 다른 여러 국가에도 주로 유엔난민기구의 추천을 받아 이 일을 하고 있다. 일례로 캐나다는 2014년에 12,300명의 난민을 받아들였지만,[16] 2015년 후반, 시리아 난민 사태에 대한 대응으로 그리고 새롭게 선출된 저스틴 트뤼도 총리의 선거 공약으로, 정부는 전세 비행기로 매일 수백 명의 난민을 토론토와 몬트리올로 실어 나르며, 2015년 12월부터 시작해서 시리아 난민 25,000명을 수용하겠다는 결단을 내렸다.[17]

미국에서는 난민 재정착의 모든 과정이 정부와 비영리단체 간의 협력으로 이루어지며, 특정 난민의 재정착을 위해 교회가 해외에서 직접 데려오는 일은 할 수 없다. 하지만 이와는 달리 캐나다에는 두 가지 특색 있는 제도가 있다. 첫째는 정부 자금이 투입되어 운영되는 난민 재정착제도이고, 둘째는 이와는 별도로 민간 자금으로 운영되는데, 캐나다의 시민 집단이면 누구든지(지역교회든, 사회단체든) 특정 난민 가족을 위한 후원 신청을 하면서 4인의 난민 가족에 캐나다화 27,000달러(미화 19,500달러, 약 2,400만 원)를 지원할 수 있다. 정부의 후원을 받아 오는 이들은 주로 정부 기관의 도움을 받는 반면 이러한 지역사회 단체들은 난민 가족의 현지 통합을 돕는 데에도 중요한 역할을 한다. 많은 교단과 기독교 단체가 지역교회 회중이 난민을 후원할 기회를 잡도록 지원 중이다.

호주 또한 매년 많은 수의 난민 재정착을 돕는데, 2013년에는 13,000명 이상을 맞아들였다.[18] 난민 재정착과 현지 통합 서비스는 주로 비영리 단체가 진행하며, 이 중 몇몇은 기독교 기반 단체이다.[19] 또한 많은 사람들이 호주로 망명을 신청하러 오는데, 호주 정부는 이들을 주로 역외(offshore, 호주는 인근의 섬이나 나우루 등과 협약을 맺어 난민이나 망명자를 육지 밖에서 처리하는 방식을 고수해왔다-역주)에 억류한다. 이 정책은 호주로 망명 오는 것을 최대한 방지하기 위한 정책으로, 많은 논란이 되었다.[20]

유럽에서는 탄압을 피해 도망친 사람들 대다수가 재정착제도가 아닌 비호신청자로 도착한다. 2015년에는 백만 명 이상의 인구가 유럽으로 망명 왔다.[21] 하지만 여러 유럽 국가들은 적은 수의 재정착 난민을 받아들일 뿐이며, 특히 북유럽 국가들이 그러하다. 전체적으로 유럽연합은 최근 해마다 5천 명 정도를 재정착 난민으로 받아들여 왔고, 천 명 조금 넘는 수가 노르웨이에 재정착했다.[22]

적대에서 환대로, 환대에서 식구로

아메드의 사례는 난민 재정착제도가 지닌 장점을 보여 준다. 사우스캐롤라이나주 스파르탄버그에는 비록 난민 정착에 강경하게 반대하는 주민이 있었지만, 지역교회들을 중심으로 압도적으로 더 많은 주민이 난민을 환대했다.

크리스틴 폴에 의하면 다수의 미국인은 '환대'를 생각할 때, "주로 집에서 손님이나 지인을 즐겁게 해주는 일 그리고 호텔이나 식당 같은 서비스업에서 제공하는 접대"[23]를 떠올리기 마련이다. 성경에서 우리에게 하는 명령인 "손 대접"(롬 12:13)의 원어는 '필록세니아'(φιλοξενίαν, philoxenia)인데, 이는 문자적으로 '이방인을 사랑하는 행동'을 뜻한다. 단지 '친구'를 환대하고 사랑하는 것만으로는 부족하다. 세리와 죄인도 이 정도는 했다(마 5:46-47). 예수님은 이방인을 우리 이웃이라 부르심으로 당시는 물론 지금의 통상적인 상식을 깨뜨리셨다(마 25:31). 팀 켈러는 이에 대해 다음과 같이 말했다.

> (예수께서 말씀하신 이방인들은) 이민자와 난민이었으며 그들은 … "초청받을 대상"이었다. 그들은 그저 보호시설로 보내질 대상이 아닌, 제자들이 자신의 집과 삶으로 맞아들여야 할 이들이었다. 이 말은 이들에게 권익과 우정, 사회에서 새로운 삶을 추구하는 데 필요한 기본적인 것들이 주어져야 한다는 의미도 함축적으로 포함한다.[24]

하지만 라승찬 교수는 환대가 우리의 최종 목적지가 아니라고 하며, "우리는 적대에서 환대로 그리고 환대에서 식구로 … 한가족이 되어야 한다"라고 말한다.[25] 이방인을 사랑하기 시작하면 더 이상 그들은 이방인이 아니다. 그들은 우리의 이웃이 되며, 궁극적으로는 형제와 자매가 되는 것이다.

아메드는 가족 없이 혼자서 미국으로 왔지만, 한 지역교회의 자원봉사자들이 그를 품어 줬다. "그들은 이제 제 가족이에요"라고 아메드는 말한다.[26] 이슬람 배경에서 자란 아메드는 교회에 자주 다니기 시작했으며, 소그룹 교제도 시작했다. 그의 새로운 그리스도인 친구들은 그들의 보살핌에는 조건이 없다고 분명히 했지만(즉, 기독교를 받아들여야 한다는 압박은 없다) 그는 새로운 친구들이 보인 친절로 예수께로 이끌렸다.

이 비유가 완벽하게 적용되진 않지만, 이방인에서 이웃으로 그리고 가족으로의 진전 과정은 한 국가 안에서의 난민이 재정착하는 과정과도 비슷하다. 난민이 처음 도착 후, 지역사회가 품고, 이후 그들은 현지 사회와 나아가 국가의 구성원으로서 통합된다. 이는 이들이 자기 문화나 언어, 식생활을 버린다는 의미가 아니라, 시간이 흐르면서 이들이 가지고 온 특별한 정체성을 미국이라는 테피스트리에 결합하는 것이다. 미국은 전 세계에서 들어온 이민자들의 다양성으로 풍요로워진 나라이기 때문이다.

재정착과 통합 과정은 난민의 귀화 신청이 가능해지는, 정착 후 대략 5년째에 법적인 절정을 맞는다. 고향으로부터 쫓겨난 난민이 이곳에서 태어난 사람들과 동일하게 시민의 모든 권리와 권한, 의무를 부여받는 선서식을 보는 것만큼 감격스러운 장면은 흔치 않다. 자유를 찾아 떠난 여행은 이곳에서 마침표를 찍으며, 한때 난민이었던 이들은 이제는 그들을 받아들인 지역사회에 헌신하며 나라는 더욱 강해진다.

6. 다른 부류의 실향민들

2010년 1월, 아이티에 끔찍한 지진이 일어나며 16만 명의 사망자와 100만 명 이상의 이재민이 발생한 것으로 추산되었다.[1] 이 중에는 17세 소녀 두나 마르셀루스도 있다. 엄마의 심부름에 집을 나선 두나는, 몇 초 뒤 일어난 지진으로 집과 부모와 자매들을 잃었다. 절박한 상황에서 삶의 터전을 송두리째 빼앗긴 그녀는 900킬로미터를 보트로 건너 플로리다 남쪽으로 가는 위험한 여행을 시작했다. "미국은 모두에게 기회가 있는 곳이잖아요," 두나는 말했다. "모두가 사람답게 사는 곳 말이에요." 그녀는 한 마디를 덧붙였다. "그곳 외에는 갈 곳이 없어요."[2]

두나를 인터뷰한 〈로스앤젤레스타임즈〉는 그녀를 '난민'으로 묘사했으며, 지진 이후 고향에서 피신하는 많은 아이티인에 대해서도 언론은 동일하게 묘사했다.[3] 하지만 법적인 관점에서 보았을 때, 두나 혹은 같은 상황에 부닥친 이들은 난민이 아니다. 바다 위에서 붙잡힌 이들은 아이티로 되돌아가야 했고, 도착 후 붙잡힌 이들은 감금되었으며 대부분은 송환되었다. 몰래 들어오는 데 성공한 이들은 불법이민자가 되어 법적인 지위나 혜택을 받을 수 없었고, 적발 시 송환될 위험이 있었다.

비슷하게, 2015년 유럽의 해안가와 국경에 100만 명 이상의 이주민이 당도했을 때(시리아 내전을 피해 온 사람이 많았지만, 전부가 그런 것은 아니었다),[4] 세계 언론은 이를 "유럽 난민 사태"로 보도했다. 하지만 법적인 관점에서는 좀 더 복잡했다. 유럽 정부들은 결국 많은(혹은 대부분의)[5] 사람을 난민으로 인정하고 영구적인 망명 자격을 주겠지만, 판결이 나기 전까지(국가에 따라 수개월이 걸린다) 이들의 신분은 '비호신청자'(Asylum Seeker)이다. 물론 실제로 그들은 난민일 수 있지만, 아직 법이 인정하는 단계는 아니다. 법률상 난민의 정의에 부합하지 않는 이들은 '경제적 이주민'으로 간주되며, 가난을 피해 왔지만 난민으로 인정받을 만한 박해는 아닌 것으로 여긴다.[6]

그리스도인으로서 우리가 이들에게 어떤 반응을 보여야 할지 생각할 때 이러한 법적인 구분은 별로 중요하지 않을 수 있다. 모두가 하나님의 형상을 따라 지음받았기에 그들을 돕는 것이 마땅하기 때문이다. 하지만 실질적인 측면에서 이러한 구분은 중요하다. 어느 부류에 속했는가에 따라 법적인 대우가 매우 다르기 때문이다.

국제법과 미국법상 난민이란 다음과 같은 개인을 뜻한다.

- 자신의 국가나 상시 거주지 밖에 있는 사람
- 다음과 같은 사유로 박해 혹은 박해받을 만한 근거가 분명해 돌아갈 수 없는 경우
  - 인종
  - 종교
  - 국적
  - 특정 집단 소속
  - 정치적인 견해[7]

이 정의에 부합한다 해도 제3국에 난민으로 재정착하는 확률은 매우 적다고 앞에서 이미 살펴보았다. 하지만 엄밀히 따질 때 난민이 아닐지라도(혹은 아직 난민 지정을 받지 않았더라도) 여전히 취약한 상황에 놓인 이들이 있다.

국내실향민

자발적으로 집을 등지고 떠나는 이들은 거의 없다. 하지만 무지막지한 폭력의 위협은 이들에게 선택의 여지를 거의 남기지 않는다. 만약 집을 떠나야만 한다면, 문화와 언어가 익숙하고 돌아갈 곳이 가깝다는 이유로 대부분은 국경 안에 머무르려고 한다. 집에서 나와

피신하지만 국경을 넘지 않는 이들은 '국가 밖에 있는 사람'이 아니기에, 엄밀히 말하면 난민이 아니다.[8] 이러한 개인은 '국내실향민'(Internally Displaced Persons)으로 불린다. 유엔난민기구는 전 세계적으로 난민을 1,950만 명으로 추산하는데, 국내실향민은 이것의 두 배이다(2017년 통계로는 난민이 2,540만 명, 국내실향민이 4,000만 명이다–역주).

시리아에서는 400만 명 정도가 국가를 떠나 주변국인 터키, 레바논, 요르단 등으로 피신했다. 하지만 800만 명 가까이는 시리아 국경 '안'에서 국내실향민이 되었다.[9]

대부분의 국내 실향이 그러하지만, 시리아 내부에서 실향민이 된 이들의 처지는 특히나 열악하다. 이들을 그렇게 피신하도록 만든 상황 속에서 바샤르 알 아사드가 이끄는 시리아 정부, 자칭 이슬람국가인 IS, 아니면 다른 반군 세력 등이 버티고 있어 구호단체들도 구호 활동을 벌이기가 매우 위험하기 때문이다. 실향민이 안전을 제공해달라고 청원할 대상이 대부분 자신을 핍박했던 정부뿐이기에, 많은 국내실향민은 결국 국경을 건너는 길 외에는 없다고 판단하고 그 길을 선택한다. 그러면 이들은 난민의 조건에 해당한다.

언젠가 한 기자가, 미국의 그리스도인으로서 중동에서 핍박당하는 그리스도인들을 그곳에 머물 수 있도록 돕는 것이 옳은지, 아니면 떠날 수 있도록 돕는 것이 옳은지 물었다. 여기에 대답하는 것은 간단한 문제가 아니다. 하지만 우리는 형제자매들이 처한 극심하게 어려운 상황에 대해 왈가왈부하는 것으로 그치는 것이 아니라, 그들이 어느 곳에서든 우리에게 도착할 때, 그리스도를 맞이하는 것처럼 (마 25:35) 그들을 환영해야 한다.

박해받는 많은 그리스도인은 대부분 국경 안에 머물기를 원한다. 자신이 피난을 가면 (특히 초대 사도들이 활동했던 시기부터 존재했던) 유구한 기독교 역사의 전통이 훼손당할 수도 있기 때문이다. 시리아의 여러 천주교 및 동방정교회 지도자들은 처한 상황이 위험한 것은 인정하지만, 그리스도인들은 가능한 한 자리를 지키라고 적극 호소해왔다. 이웃 나라인 이라크에서처럼 시리아에서도 그동안 오랜 역사와 전통을 지켜온 성도들을 많이 잃게 될 것을 두려워했기 때문이다.[10]

지역사회의 피난민이 겪은 마음의 상처를 회복하게 하는 일에 도움이 되고자, 시리아를 나왔다가 다시 들어가는 위험한 여정을 감수하면서까지 훈련을 받고자 한 시리아의 기독교 지도자들과 협력하기 위해 나(이쌤)는 여러 번의 기회를 틈타 중동으로 다시 돌아갔던 적이 있었다.

이와 비슷하게 이라크 북부 지역에서 월드릴리프 동료들은 IS가 신자르시를 점령한 후 박해를 피해 집을 떠나온 이들에게 '아동 친화적인 공간'을 제공하는 일을 한다. 대상은 그리스도인, 무슬림 그리고 특히 IS가 척결 대상으로 지정하여 피난 후에도 계속 차별을 맞닥뜨려 온 소수 종교인 야지디인(Yazidis)이 포함된다. 국내실향민이 된 어린이 다수는 교육의 기회를 얻지 못할 뿐만 아니라 상상할 수 없는 트라우마를 안고 살아간다. 평범하고 건강했던 유년 시절을 테러로 완전히 빼앗겼기에, 적절한 중재 없이는 한 세대를 통째로 잃을 수도 있다. 이러한 상황에서 아동 친화적인 공간은 기본적인 보건 교육, 생활 교육, 학교 교육 그리고 심리 프로그램을 지원하는 동시에 어머니, 누나, 언니들에게는 트라우마 회복 지원도 제공한다.

국내실향민들은 우리와는 멀리 떨어져 있지만, 서구의 교회들은 수백만 명의 피난민이 발생한 이라크, 남수단, 콩고민주공화국, 예멘 등지에서 활동하는 지역교회, 구호단체들과 함께하여 그들에게 접근할 수 있다. 이렇게 할 때 우리는 구호 활동을 통해 하나님의 사랑을 전인적으로 나타내는 동시에 국경 밖으로 강제적으로 쫓겨나면서 발생하는 난민의 수 또한 최소화할 수 있다.

비호신청자

국내실향민들은 '국경 안'에 있기 때문에 난민의 법적인 정의에 맞지 않는다고 하더라도, '국경 밖'에 있으나 제도권이 아직 이들 사례를 검토하지 않았기 때문에 난민 권한이 주어지지 않은 이들도 많다. 이들은 "비호신청자"(asylum seekers)로 분류된다.

난민 그리고 비호 신청이 받아들여진 사람들은, 두 경우 모두 본국에서 박해받는 상황이라고 법적인 근거하에 인정받은 것이다. 차이점은 어디에서 그 판단이 이루어졌느냐는 것이다. 미국에 재정착한 난민들은 연방 정부가 '해외'에서 심사를 통해 난민 판단을 해준 이들이다. 반면 미국의 난민 재정착제도를 통하지 않고 오는 이들—예를 들어 임시 비자나 아예 비자 없이 미국에 도달하는 이들—은 본국으로 돌아갈 시 박해받을 가능성이 있음을 근거로 비호 신청을 할 수 있다.

하지만 미국의 정황상 비호 신청을 받아 주는 게 어려울 수 있다. 첫 번째로 비호 신청은 미국에 도착했다는 전제로 이루어지는데, 전 세계에서 박해를 피해 도망한 이들의 여건을 감안할 때 매우 어려운 일이다. 대양을 건너야만 미국에 올 수 있는 이들에게는 현실적으로 비자가 있어야만 비행기를 탈 수 있다. 하지만 전 세계 인구 대부분, 특히 부유하지 않거나 국가의 혼란기에 있는 국민에게는, 미국 여행 비자를 발급받기란 불가능에 가깝다. 유럽의 국가들에도 비슷한 비호법이 있지만 분쟁 지역인 시리아, 이라크, 아프가니스탄과 지리적으로 가까우므로 미국보다 훨씬 더 많은 비호신청자를 받는다. 유럽에 비호 신청을 한 이들의 수는 2015년 한 해만 해도 100만 명을 넘었고, 이는 미국의 최근 연평균 비호신청자 수의 25배가량 되는 수치이다.[11]

만약 비호신청자가 미국에 도착해 본국에서의 박해 가능성을 언급하면, 감옥과 같은 수용 시설에 들어갈 위험이 있다. 대부분의 미국민이 모르는 사이에 의회는 미국 이민세관집행국에 최소한 하루에 3만 4천 대의 침대를 법적인 절차가 진행 중인 이민 수감자로 채워 넣으라는 명령을 내렸다. 표면상의 이유는 이들이 행여나 위험할 수 있기 때문에 미국 대중을 보호하며, 또한 이들이 재판에 참여하는 것을 보장하기 위해서라고 한다.[12] 이 침대의 상당수는 비호신청자로 채워져 있다. 2010년 총 15,768명의 비호신청자가 수용 시설에 평균 약 78일씩 구금되어 있었다.[13]

3만 4천 인을 수용하는 시설 중 절반 이상을 민간기업이 운영하며, 연방 정부는 침대 하나당 하루 평균 159달러(약 18만 원)로 계약을 맺는다.[14] 이 기업들은 더 많은 사람을 가둘수록 더 많은 수익을 창출하게 되어 자연스럽게 동기부여를 얻는다. 민간 교도소 산업에서 가장 큰 기업 세 곳은 2002년부터 로비와 선거 자금으로 모두 합해 4,500만 달러(약 500억 원)를 사용해왔으며,[15] 이때부터 수용시설은 급격히 증가하여 여성과 아동을 위한 시설을 포함해 당시보다 거의 두 배 이상의 시설이 증설되었다.[16]

기업들은 수용 인원에게 단돈 1달러의 일당에 청소나 배급 같은 기본 노동을 시키며 수익을 극대화한다.[17] 노동이 의무는 아니지만, 수용 인원들은 시설에서 비싼 값에 파는 베개, 진통제, 친지나 변호인과 통화할 수 있는 전화카드 등을 사야 하므로 '자원'해서 노동해야 할 필요를 느낀다.[18]

여러 독립적인 보고에 따르면 이런 수용시설은 부적합한 상태에 있다. 2013년 미국 국제종교자유위원회 보고에 따르면 비호신청자들은 감옥 또는 감옥과 같은 "부적합한 환경 아래" 수감되어 있었다.[19] 같은 해 회계검사원 보고에서는 수용 인원을 대상으로 한 성폭행 및 추행 혐의들이 드러났다.[20] 또 다른 보고서는 수용 시설 안에서 의료 관리가 제대로 이루어지지 않는 문제가 광범위하게 일어나고 있으며, 이로 인해 구치 기간 내에 다수의 수감자들이 사망하는 일도 다수 발생했다고 밝혔다.[21]

이러한 사례 중에, 마이애미의 수용 시설에서 혈압약을 압수당해 사망한 아이티의 침례교 목사인 조셉 단티카가 있다. 이미 여러 차례 동일한 여권과 비자로 미국을 여행한 경험이 있던 단티카 목사는, 공항에서 출입국 관리관에게 그의 교회가 며칠 전 갱단에게 습격당했으니 임시 비호 신청을 하고 싶다고 밝혔다. 그러고 나서 그는 시설에 구금되었다.[22]

비호 신청을 한 후 구금되지는 않은 이들에게도 여전히 어려움은 있다. 그들 대부분은 최소한 6개월, 많은 경우 그 이상, 취업 허가가 나오지 않는다.[23] 또한 공공 혜택을 받을 수 없는 상태이기에 심사 결과가 나오기 전까지 생계를 유지하기가 매우 어렵다.

비호 신청 심사 결과 또한 예측할 수 없다. 아무리 신청 근거가 탄탄하다고 해도, 결국 한 개인의 판단으로 결정되기 때문이다. 한 연구에 따르면, 어떤 심사관은 중국(최근 미국에서 가장 많은 비호 신청을 한 나라이다)[24]의 비호 신청은 단 한 명도 받아주지 않았으나, 같은 사무소에 근무하는 또 다른 심사관은 3분의 2 이상의 중국인 비호신청자들을 통과시켰다. 2014년에는 뉴욕시 이민 법정에서 비호 신청은 84퍼센트 확률로 통과했지만, 조지아주 애틀랜타시 법정에서는 1퍼센트만 통과했다.[25] 비호 신청 과정은 꽤 제멋대로 이루어진다. 사람 목숨이 오고 가는 문제임에도 말이다. 비호신청자의 법정대리인 유무 여부가 결과에 큰 영향을 미치는 경우가 상당하다(정부에서 제공하지는 않는다).

최근 몇 해 동안 전체적으로 매년 약 4만 명이 비호 신청을 했으며, 그중 약 2만 5천 명이 비호 신청 심사관을 통해서나 이민 법정을 통해 이곳에 망명 인정을 받았다.[26] 다른 재정착 난민과 같이 박해를 피해 온 비호신청자들은 적응 과정에서 비슷한 어려움을 겪지만, 그들을 도울 수 있는 재정착 지원 단체 및 공항 환영도 없다. 적어도 심사를 거치는 처음 몇 달 동안은 대부분 일을 할 수 없거나 공공 혜택을 받지 못하며, 그렇지 않으면 수용 시설에 갇혀 있어야 한다. 이 때문에 비호신청자는 특히 취약한 상태에 놓이며, 그렇기에 교회의 지원과 권익 보호가 필요하다.

다른 이민자들

내(매튜)가 사는 지역에는 히스패닉 인구가 많다. 출석 교회에서는 두 가지 언어를 사용하며, 회중 대부분은 멕시코에서 이주했다. 어떻게 미국으로 오게 되었느냐고 물어보면 대부분은 경제적인 이유를 든다. 더 좋은 직업과 아이들의 더 나은 미래를 위해 왔다고 말한다. 어떤 이들은 극심한 가난 때문에 다음 끼니를 기대할 수 없는 절박함 때문에 오기도 한다. 비록 가난으로 강제적으로 내몰렸을지라도, 이러한 '경제적 난민'은 탄압을 피해 오지 않았기 때문에 난민의 정의에 부합하지는 않는다.

회중 가운데 어떤 이민자 친구는 비록 난민으로 구분되지는 않았지만, 폭력의 위협 때문에 미국으로 왔다. 글로리아의 고향인 멕시코의 두랑고는 주로 잔인한 마약 카르텔과 관련한 폭력으로 얼룩진 곳이다. 지난 10여 년간 글로리아의 열 살, 열두 살 조카들은 유괴되어 몸값을 요구받은 적이 있으며, 세 명의 다른 친척은 납치되어 살해당했다. 교회에서 친했던 그녀의 친구는 어느 날 갑자기 사라졌으며, 감옥에 있는 재소자와 출소자의 사회 재적응을 돕던 그녀의 목회자는 도움을 주던 사람에게 불에 타 죽었다.

관광객 비자로 미국에 들어온 글로리아는 비록 이제 불법 체류자 신세이기는 하지만, 그녀와 가족의 안전을 위해 집으로 돌아가지 않았다. 비호 신청을 할 수도 있었지만, 신청이 통과되려면 탄압 위협의 가능성과 인종, 종교, 국적, 정치적인 견해 혹은 소속 집단 등의 인과관계를 명확하게 증명해야만 했다. 그녀에게는 분명 위협이 존재했지만 직접 협박을 받은 것이 아니며 그녀의 친구와 가족이 당한 폭력이 딱히 인종, 종교, 출신 국가, 정치적인 견해 등과 연관되어 있지는 않기 때문에 이를 증명하기란 쉽지 않은 일이었다. 법적으로 명시된 다섯 가지 탄압 분류 중 가장 애매한 항목은 "특정 집단 소속"이라는 부분이다. 여기에는 명확한 법적인 정의가 없으므로 이따금 법정에서 상반된 해석이 나오기도 하지만, 갱단에게 표적이 되는 이들을 "특정 집단"으로 분류해 보호받아야 한다고 주장하던 변호사들의 노력은 지금껏 미국에서 그리 성공적이지 못했다.[27]

나아가 몇몇 예외를 제외하고, 미국의 법은 비호 신청 기간을 도착 후 1년 이내로 제한한다. 글로리아의 경우 신청하기엔 이미 늦어, 만약 지금 시점에 비호 신청을 한다면 추방될 것이 분명했다. 멕시코로 돌아가는 것에 대한 진심 어린 두려움, 돌아가면 맞이하게 될 가난(게다가 이제는 혼자가 아닌 미국에서 태어난 아이들도 있다)을 생각할 때 그녀는 불법 체류자로 남는 것 외에는 방법이 없다고 느낀다. 15년 전 남편의 동생이 신청한 비자가 그들에게 합법적인 권리를 부여해주길 기도하지만, 밀려 있는 가족 이민 신청자 때문에 적어도 4년 이상은 기다려야 하는 상황이다.[28]

보호자 미동반 아동

갱단 폭력 문제는 미국-멕시코 국경에 부모 없이 도착하는 어린이 및 청소년들과 밀접하게 연관되어 있다. 최근에 이렇게 도착하는 미성년자 중에는 중앙아메리카 국가인 온두라스, 엘살바도르, 과테말라의 갱단 관련 폭력으로부터 도망쳐 온 아이들이 많다. 2014년 여름에는 달마다 만 명 이상의 동반자 없는 미성년자들이 국경 지역에서 체포되어 언론에서 떠들썩했지만, (미국의 압력과 지원을 받은) 멕시코 정부에서 국경을 강화하고 더 많은 수를 도중에 체포하면서 가을쯤에는 다시 잠잠해졌다. 붙잡힌 이들 대부분은 다시 중앙아메리카로 송환되었다.[29]

아이들이 미국으로 위험한 여정을 떠나게 된 데에는 가난, 가족과의 재회, 밀수꾼들의 모집 등 여러 이유가 있었지만, 다수는 폭력을 피해 왔다고 답했다.[30] 엘살바도르, 온두라스, 과테말라의 살인 범죄율은 최근 세계에서 가장 높은 축에 속한다. 온두라스에서 일어나는 살인 사건 중 5분의 4가량은 아예 조사도 이루어지지 않는다.[31] 특히 미성년자들이 폭력에 취약하며, 갱단에 들어가지 않으면 협박당한다. 이 아이들은 도망만이 유일한 살길이라고 여긴 것이다. 이러한 미성년자들이 난민으로 인정받아야 한다고 많은 사람은 주장한다.[32]

이들이 미국에 오면서 발생하는 법적인 상황은 복잡하다. 조지 W. 부시 대통령이 서명한 법령을 보면, 미국과 국경이 맞닿지 않은 나라에서 왔지만 미국 국경에서 붙잡힌 보호자 미동반 아동(이들은 대부분 국경순찰대에 자수한다)은 판결이 날 때까지 그들을 보호할 책임이 있는 미 보건복지부의 관할로 옮겨진다. 어린이 대부분은 이미 미국에 친척들이 있으며, 그들과 재회할 때까지 주로 비영리단체가 운영하는 보호소에 임시로 머문다. 친척이 없는 경우 보호소에 조금 더 머물거나 위탁 가정에 맡겨진다.

이 아이들은 많은 업무가 밀려 있는 이민 법정 때문에 몇 개월 혹은 몇 년을 기다리다가, 결국 추방 재판에 소환된다. 남을지, 아니면 본국으로 송환될지 그들의 운명은 각 사례에 대한 평가와 변호인의 유무에 따라 갈린다. 형사 법정과는 달리 이민 심사를 기다리는 이들에게는 어린이라도 국선 변호인 선임이 불가하기에, 보호자 미동반 아동 중에 3분의 1 정도만이 추방 재판에서 변호를 받으며, 주로 공익 변호사가 무료로 사건을 맡는다. 비호 인정을 받든, 인신매매 피해자를 대상으로 한 T 비자를 발급받든, 아니면 미국 이민법상의 다른 해결책을 받든, 변호인이 있으면 73퍼센트 확률로 미국에 남는다. 하지만 변호인이 없는 다수는 거의 추방된다. 법정대리인이 없으면 오직 15퍼센트만 남을 수 있었다.[33]

비극적이지만, 추방되는 이들은 중앙아메리카를 떠나게 한 똑같은 폭력에 다시 노출된다. 엘살바도르는 최근에 살인 범죄율에서 미국의 무려 25배인 세계 최고(전쟁 지역 외)를 기록하면서, 온두라스로부터 이 불명예스러운 타이틀을 가져갔다.[34] 현지 신문 보도로는, 살해당한 이들 중 적어도 83명은 2014년 1월 이후 미국에서 추방된 이들이었다.[35]

소명에서 사전적 정의가 정말 중요한가?

전 세계 수많은 강제 실향민 중에 법적인 난민의 정의에 정확하게 들어맞는 사례는 매우 적다. 하지만 이들에게는 여전히 피난처와 안전히 거할 곳이 필요하다. 그리스도를 따르는 이들로서, 적어도 우리의 이웃 사랑은 '법적 정의'에 매일 필요가 없다. 릭 워렌은 "교회는 반드시 항상 이웃 사랑을 보여야 한다. … 선한 사마리아인은 강도 만난 이에게 '혹시 합법적으로 여기 있는 건가요'라고 묻지 않는다"[36]라고 일침을 가한다. 조금 바꿔 말하자면, 우리는 "당신은 법적인 근거에 정확히 맞아떨어지는 난민인가요?" 하고 묻지 않을 것이다. 정부는 분류해야 하겠지만, 교회는 차별 없이 이웃 사랑을 베풀 수 있다. 각자가 하나님의 형상을 따라 지음받았으며, 그리스도가 대신해서 죽으신 사람이며, 우리가 사랑하도록 부름받은 이웃이기 때문이다.

7. 지금이 바로 교회가 나설 때

현재 난민이 당한 곤경은 전 세계적으로 전례 없는 위기 상황이다. 하지만 다르게 생각해보면, 이는 교회가 신학을 삶으로 살아낼 기회이기도 하다. 전 세계 난민들은(그리스도 안에서 핍박받는 형제자매뿐만 아니라 아직 예수를 따르지 않는 이들도) 교회가 어떻게 반응하는지—신앙에 따라 행동하는지, 아니면 두려워하는지— 지켜보고 있다. 피난민을 향한 하나님의 사랑을 나타내기 위해 지역교회가 어떻게 그들의 특별한 필요를 채우고 있는지 한번 들여다보자.

따뜻한 환영 베풀기

도착 후 처음 몇 달은 난민이 적응하는 데 가장 중요한 기간이다. 이때 지역교회의 역할은 매우 중요하다. 미국 전역에 있는 지역

지부를 통해 월드릴리프는, 도착하는 모든 난민이 공항에서부터 지역교회의 헌신된 소규모 자원봉사자들—우리는 이들을 '선한이웃팀'으로 부른다—에게 환영받도록 한다. 이 팀은 난민 가정(혹은 개인)이 새로운 환경에 정착하는 과정에서 최소 6개월에서 1년간 동행하기로 결단한다.

선한이웃팀은 난민이 도착하기 전부터 환영을 위한 만반의 준비를 한다. 난민에겐 필요한 것이 많기 때문에(자원봉사자들이 준비가 잘 되어 있지 않다면 버거울 수도 있다) 월드릴리프 직원은 자원봉사자를 꼼꼼히 교육한다. 앞으로 어떤 일이 펼쳐질지, 월드릴리프와 지역사회에서 난민이 활용할 수 있는 자원에는 무엇이 있는지, 떠나 온 국가의 상황과 배경은 어떠한지(평범한 미국인은 알기 힘든 정치적, 문화적인 사안을 포함하여) 그리고 의도치 않게 피해를 주거나 과도한 의존성을 기르지 않고 가장 효과적으로 도움이 되는 방법 등을 설명한다.

지역교회의 선한이웃팀과 봉사자는 종종 식기, 냄비, 침대보, 수건, 세면용품 등 기본적으로 가정에서 쓸 물건을 모아 '환영 키트'를 만든다. 어떤 경우에는 난민이 거주할 아파트가 아직 준비되지 않아 며칠 동안 본인의 집으로 그들을 들이기도 한다.

선한이웃팀에는 월드릴리프와 연락을 담당하는 팀 리더가 필요하다. 팀의 다른 구성원은 한두 가지 추가적인 역할을 맡아 직원들과 협동하여 일한다. 이들은 영어 선생이 되고, 직업훈련 상담을 하고, 아이의 학교 적응을 돕고, 의료 도우미가 되어 중요한 병원 예약을 놓치지 않게 확인하거나 보험과 관련된 질문들을 해결하고, 은행 업무를 돕고, 대중교통 이용법을 알려 주기도 한다. 하지만 이러한 모든 것을 떠나, 선한이웃팀의 가장 중요한 일은 이들의 '친구'가 되는 것이다. 난민 가정이 공항에 도착하는 순간부터 팀은 항상 그들이 안전한 곳에 있고, 환영받고 있으며 마침내 집에 왔다는 것을 알려 준다.

섬김은 강도 높은 헌신을 요구하지만, 많은 자원봉사자는 처음 만난 난민 가정과의 우정을 지속하면서, 또 새로운 가정을 섬기기 위해 계속 다시 지원하기도 한다.

지속해서 많은 난민 가정을 섬겨온 교회 중에는 시카고 서부 교외에 있는 휘튼성경교회가 있다. 휘튼성경교회는 지역사회에 뿌리내린 지 백 년이 되어가는 큰 초교파 교회로, 40여 개 이상의 국가에 90명이 넘는 선교사를 파송하고 있으며, 해외 선교에 대한 열정으로 유명하다. 교인들이 난민을 섬기는 봉사를 개인적으로 수십 년간 해오고 있었지만, 크리스 매켈위 목사가 지역사회를 섬기고 다가가는 역할로 교회에 청빙받았을 때, 난민에 관해서는 거의 알지 못했다. 그리고 교회 바로 앞에 있는 월드릴리프 사무실에서 매년 백 가정의 난민을 정착시킨다는 것 또한 상상도 못했다.

크리스는 난민과 처음 만났던 순간을 생생히 기억한다. 그는 미얀마 출신의 대가족을 시카고 오헤어공항에서 픽업하여 교회에서 가깝고 많은 난민이 정착하는 아파트 단지로 운전해갔다. 먼저 미국에 정착한 친지가 그들을 위해 환영 식사를 준비해놓았다. 해가 저물고, 생선 액젓 냄새와 함께 열댓 명의 미얀마 사람이 식사할 동안, 크리스는 3층의 아파트 발코니에 서 있었다. 아래층에는 전통 아프리카 의상을 입은 여인이 아이와 놀아 주고 있었다. 건너편에는 유럽인처럼 보이는 한 커플이 알아들을 수 없는 언어로 이야기를 나누고 있었다(나중에 이들이 코소보 출신임을 알았다). "잠깐 내가 어디에 있는지 깜빡했어요." 크리스는 말했다. "그날 이후로 저에게는 큰 변화가 생겼습니다. 스스로 이렇게 말했어요. '우리에겐 정말 할 일이 많구나. 바로 코앞에서 어떤 일이 일어나는지 전혀 몰랐구나.'"

십여 년 전 그 시간 이후로, 휘튼성경교회 팀들은 크리스가 다 기억할 수 없을 만큼(적어도 50가정 이상) 난민 가정을 환영하고 동행해 왔다. "주된 목적은 그들이 비행기에서 내렸을 때, 그저 그들이 필요로 하는 친구가 되는 것이에요."라고 그는 말했다. "그들에게는 분명 필요한 것이 많지만, 가장 원하는 것은 바로 그것입니다."

난민들은 또한 휘튼성경교회에도 큰 영향을 끼쳤다. 이라크 난민이 2000년대 중반부터 도착하기 시작했을 때, 휘튼성경교회의 선한이웃팀은 섬기던 가정들에게 교회에 올 수 있는지(특히 성탄절에) 물었다. 팀 리더는 부담이 되면 오지 않아도 된다는 것을 분명히 했지만, 몇몇 가정은 예수에 관해 궁금했기 때문에 오고 싶다고 밝혔다. 결국 교회는 이에 대한 반응으로, 주일 아침에 아랍어로 진행하는 성경 공부반을 개설했고, 이후 이란의 가정들 또한 관심을 보이자 이란어 성경 공부반도 만들었다. 그리고 최근에는, 한 이라크 여성이 세례를 받고 교회의 교인이 되었다.

크리스는 난민과 만나면서 자신의 관점도 많이 변화되었다고 말한다. 한번은 홀로 다섯 아이를 키우는 한 이라크 여성과 아이들을 자기 집에 머물도록 했다. 만약 몇 년 전에 누군가가 크리스에게 와서 이라크 출신의 무슬림 가정을 집에서 재워 달라고 했다면, 아마 그 사람을 미쳤다고 생각했을 것이다. 하지만 이제는 희한하게도 이런 일이 평범하게 느껴졌다.

크리스와 그의 아내가 이 가정과 친구가 되었을 때, 여러 나라에서 온 난민들을 보면서 다시 한번 깨달았다. 물론 다른 점이 많고, 또한 전쟁의 참혹한 일상과 탄압을 경험했지만, 이 엄마는 다른 엄마들과 똑같다는 것이며, 여느 엄마들처럼 아이들을 향한 소망, 두려움, 꿈이 있었다. "우리는 다른 점보다 비슷한 점이 훨씬 많아요," 크리스는 말한다.

난민 세대를 넘나드는 교회의 영향력

1986년, 월드릴리프 내쉬빌지부는 네 살짜리 티 밋삼판과 그의 여섯 형제자매 그리고 부모를 재정착시켰다. 가족이 처음 도착했을 때, 데이브와 샌디 우드 부부 및 등대침례교회에서 나온 이들은 그들을 열렬히 환영했다. 이 팀의 친절함과 환대로, 티와 그의 가족은 라오스를 떠날 때는 불자였지만, 미국에 와서는 그리스도 안에서 믿음을 갖게 되었다.

티는 새로 정착한 나라에서 적응을 잘해 나갔고, 학교에서 두각을 나타냈으며 대학에 진학했다. 대학 졸업 후, 하나님이 그를 목회자로 부르심을 깨닫고 중미침례신학교를 다니기 위해 멤피스로 옮겼다. 그곳에서 티는 목사가 되었고, 또한 교회를 세우는 '처치 플랜터'(church planter)가 되었다. 멤피스 라오스침례교회의 성도가 줄어 몇 명이 남지 않자, 티는 교회가 다시 시작할 수 있도록 도왔고, 이름을 제일국제침례교회로 바꾼 교회는 새 회중이 들어오면서 동양계 미국인 2세들이 많이 모이는 곳이 되었다.

티와 몇몇 성도는 교회에서 얼마 떨어지지 않은 곳에 가톨릭구제회에서 많은 수의 난민을 재정착시켜온 큰 아파트 단지가 있다는 사실을 알았다. 어릴 때 낯선 나라에 적응하며 어려움을 몸소 체험했던 이들이기에, 교회는 주로 부탄에서 온 난민이었던 새 이웃에게 다가가길 간절히 원했다. 네팔의 난민 캠프에서 15년 이상을 보낸 몇십 개의 힌두교 가정은 멤피스에 정착했고, 티와 제일국제침례교회 교인들은 이들을 환영하고, 이들이 미국에서 적응해 나갈 때 친구와 멘토가 되어 주었다.

티와 성도들은 몇몇 가정과 복음 메시지를 공유했고, 여러 명이 예수를 따랐다. 그중 한 명인 프라카스는 도착한 지 1년 후에 그리스도인이 되었고, 현재 그는 신학을 공부한다. 프라카스는 이곳에서 그리고 전 세계에 있는 자기 민족에게 복음을 전하고 싶은 열정이 있다. 그는 다양한 문화와 언어가 어우러진(현재 교인의 절반에 해당하는 35명에서 40명이 네팔 민족으로 구성되어 있다) 제일국제침례교회의 목회자로 섬기고 있으며, 단기 선교사가 되어 네팔로 돌아갈 준비도 하고 있다. 내쉬빌의 한 교회에서 티와 그의 가족을 환영하면서 뿌려진 씨앗은 이처럼 세대를 걸쳐서 열매를 맺어가고 있다.

국제 사회의 교회는 어떻게 반응하는가?

캐나다는 지역교회 및 여러 단체가 정부 관리 차원을 뛰어넘어 난민을 후원하고 섬길 수 있도록 민간 주도의 독특한 재정착 제도를 운영한다. 이런 민간 후원에 참여하는 사람은 상당한 재정적인 책임과 함께 난민 정착에 관해서도 책임을 감당하겠다고 결단한 것이다.

브리티시컬럼비아주 빅토리아의 개혁교회인 그리스도커뮤니티교회는 이 책임을 감당하겠다고 결심했다. 월드리뉴(World Renew, 캐나다에서 민간 후원을 받아 난민의 재정착을 돕는 100여 개의 '후원협의증'을 지닌 단체 중 하나)와 함께, 이 교회는 에리트레아에서 온 청년 남성 에르미아스를 환영했다. 고향인 동아프리카 지역의 길고 긴 분쟁으로부터 피신해 이집트에 머물다가 캐나다 정부에 재정착 승인을 받은 에르미아스는 그저 여행 가방 2개와 35캐나다달러(약 3만 원)만 들고 도착했다.

처음에 에르미아스는 교회의 한 부부 집에서 함께 살았다. 언어 장벽이 있었지만 그는 성도들에게 환영받는다는 느낌을 받았고, 서류 작업에 관한 설명도 들었으며, 함께 산책도 하고, 자전거 타기, 쇼핑, 꽃게잡이 등도 함께 했다. "모든 후원은 새로 도착한 이들의 삶과 교인들의 삶 둘 다에 큰 영향을 끼칩니다." 월드리뉴의 난민후원 담당자 레베카 워커는 이렇게 말하면서, 난민을 후원하는 것은 환대를 베풀라는 성경의 명령에 대한 적절한 반응일 뿐만 아니라 "전 세계에서 오는 새로운 이웃들과 놀라운 우정을 나누며 축복받을 수 있는 기회"라고 전한다.

비슷하게, 2015년 한 해 백만 명 이상의 이주민이 피난처를 찾아 도착한 독일에서도[1] 역시 지역교회들이 앞서 대응하고 있다. 월드릴리프는 독일의 지역교회들이 비호신청자를 잘 섬길 수 있도록 이들의 역량 강화를 위해 노력한다. 크리스티아네 부츠케는 독일 정부가 주로 대형 보호소나 식량 등을 제공하며 비호신청자의 물질적인 필요를 채우는 책임을 다하는 동안, 많은 지역교회는 이들이 독일 사회에 잘 통합되도록 우정을 나누고 도움을 제공하는 역할을 하고 있다고 말했다. "그들이 정말로 필요한 것은 관계적인 부분이에요. 관심을 가져주는 독일 사람들과의 만남이 필요합니다." 크리스티아네는 설명했다.

예를 들어, 조슈아공동체(Josua Gemeinde)—복음주의 운동인 뮐하임협회 소속으로 약 250명의 회중이 모이는 교회—는 아랍어와 이란어 등 베를린에 도착하는 이들이 주로 쓰는 여러 언어로 번역된, "독일에 온 것을 환영합니다"라는 세미나를 개최한다. 그곳에서 독일의 문화와 대중교통, 의료제도, 학교에 관련된 교육을 제공한다. 또한 '다문화 카페'를 일주일에 며칠씩 운영하면서 이주민에게 편하게 쉴 수 있는 공간도 제공하며 또한 세계 각국에서 온 새로운 친구들을 사귈 수 있는 기회를 열어 준다. 이러한 봉사 활동으로 많은 비호신청자는 교회의 일부가 되어, 아랍어 성경 공부에도 참여한다.

영어 교육을 통해 섬기기

이렇게 새로 도착한 난민을 환영하는 일은 지역교회에 주어진 특별한 선교 기회이기도 하지만, 구체적인 필요를 채워 주는 과정에서 접촉점이 되기도 한다. 북미로 오는 거의 대부분의 난민은 언어 장벽이 가장 큰 어려움 중 하나라고 호소한다. 정착한 난민의 절대다수는 도착 시 영어를 한 마디도 할 줄 모르며, 오직 7퍼센트만이 영어에 능숙하다.[2] 우리 경험상, 대부분의 난민은 열정적으로 배울 준비가 되어 있다. 더 나은 환경에서 근무하려면, 또한 장을 보거나 은행에 갈 때, 병원에 가거나 새 동네에서 편하게 생활하려면 능숙하게 영어로 대화할 수 있어야 하므로, 교회는 이 부분에서 효과적으로 도울 수 있다.

미국 복음주의자유교회 소속 믿음교회는 인디애나주 인디애나폴리스 북서부의 주민 구성 비율이 점차 바뀌고 있음을 눈여겨 보았다. 특히 터키에서 14년간 선교사로 헌신하고 다시 인디애나폴리스로 돌아온 스티브와 조안 아이싱어 부부는 교회 바로 맞은편 아파트 단지에 소규모의 메스케티안 투르크인 공동체가 살고 있음을 알았다.[3] 그들은 대부분 무슬림이다. 지난 백여 년간 이들은 조지아(그루지아)와 우즈베키스탄에서 쫓겨나 러시아로 밀려났고, 러시아에서는 '불법 이민자'로 찍혔다. 이들은 국적도 없이 지역 당국의 냉혹한 박해를 받아왔다.[4] 결국 많은 이들이 미국에 재정착하면서 몇몇은 인디애나폴리스로 온 것이다.

스티브와 조안은 그들에게 실질적인 도움을 주면서 복음도 전할 수 있는 좋은 방법이 바로 영어 수업이라는 것을 깨달았다. 2005년에 믿음교회는 영어 교실을 운영하기 시작했다. 그들은 양질의 영어 수업이 꼭 필요하다고 여겼고, 따라서 모든 선생은 휘튼대학의 다문화교육원과의 협력을 통해 제공되는 집중교육 프로그램을 이수해야 한다. 교회의 영어 프로그램을 수년간 담당해온 던 월츠는 만약 자신이 영어를 제대로 배우고 있다고 느끼지 못한다면 그들은 다시는 오지 않는다고 말한다.

교회는 영어 수업을 예수께로 인도할 기회로 여긴다. 설교가 아닌 친절함을 통해 그들에게 다가가며, 시간이 지나면서 선생들의 신앙에 관해 질문하게 하는 것이다. "우리의 철학은 '그들이 궁금하게 만들어라'입니다," 던은 실제로 많은 학생이 신앙에 관해 질문한다고 이야기한다. 그녀가 처음 가르친 영어 수업 반에서는 네 명의 학생이 결국 예수께 왔다.

시간이 흐르며 수업은 전 세계 난민과 다른 이민자를 섬길 수 있도록 자라갔다. 현재는 200명가량의 성인과 150명의 어린이에게 수업을 제공하며, 90명의 '무급' 직원—대부분 믿음교회 교인이지만 다른 교회 교인도 있다—이 주중 수업을 운영한다. 이 프로그램의 소명은 "예수 그리스도의 사랑을 본받아 타국어를 사용하는 이들에게 양질의 영어 교육을 친밀하고 보살피는 관계를 통해 제공함으로써 그 사랑을 전하는 것"이다.

또한 전 세계의 여러 선교사를 후원하는 믿음교회는 그간 인디애나폴리스로 돌아온 선교사들의 언어 및 문화적인 소양에 많은 도움을 받아왔다. 특별히 해외에서 여러 민족을 섬겼던 선교사들의 경험은 미국에 들어온 난민을 대하는 데에도 큰 도움이 되었다.

믿음교회는 다른 지역교회와도 밀접하게 협력한다. 인디애나폴리스 지역에 많은 수의 미얀마 난민이 정착하기 시작할 때, 태국에서 오랫동안 미얀마 난민을 섬겼던 선교사가 은퇴하여 믿음교회와 가까운 그의 침례교회로 다시 돌아오게 되었다. 두 회중은 연합하여, 믿음교회는 영어 수업을 제공하고 침례교회는 아이들에게 방과후학교를 제공한다.

법률 서비스를 통해 섬기기

많은 난민에게는 경제적이면서도 효과적인 법률 서비스가 꼭 필요하다. 법에 따르면 난민은 도착하고 1년 후부터 영주권 신청을 해야 하는데, 여덟 장의 신청서를(설명을 제외해도 여섯 장이나 된다) 영어로 작성해야 하는 무척 까다로운 일이다.

보통 도착 후 5년이 지나면, 거주하면서 자신이 "좋은 도덕적 성품"을 지녔음을 입증할 수 있다는 가정하에, 주로 미국 역사와 정부에 관한 질문으로 이루어진 영어 시험을 통과하고[5] 실격당할 만한 사유를 일으키지 않았다면 미국 시민권을 '신청할' 자격을 준다. 또한 귀화 신청서는 무려 스물한 장이나 되는데, 열세 장이나 되는 설명 부분을 제외하고도 그렇다. 그리고 '유전적인'(hereditary), '지배자'(potentate), '지금까지'(heretofore) 등, 막 영어를 배운 이들에게는 이해하기 어려운 단어가 포함되어 있다. 또한 귀화 시험을 치르는 데는 685달러(약 80만 원)가 필요하다. 이런 일로 자격이 있음에도 신청 자체가 버거워진다. 하지만 검증된 변호사를 통해 도움을 받으려면, 때로는 몇백 혹은 몇천 달러 이상이 필요하다.

여러 그리스도인이 난민과 이민자들에게 선의로, 제대로 된 훈련이나 자격 없이 법률 자문(귀화 같은 이민 혜택을 위해 그저 어떤 양식의 신청서를 작성하라고 조언하는 것만으로도 사실상 법률 자문에 해당한다)을 나섰다가 되려 해를 끼친 사례가 많다. 하지만 지역교회(혹은 비영리단체) 직원 중에 변호사는 없다 하더라도, 연방 이민항소위원회(BIA)를 통해 명목상의 수수료 지불 후 이민법 집중교육이 포함된 인증 과정을 거치고 나면, 법률 자문을 제공하는 것이 가능하다. 월드릴리프 지역지부 대부분은 이민항소위원회 인증을 받았고, 직원 대부분에게 법률 자문 교육을 하며, 지역교회가 동일한 인증 과정을 거치도록 도와왔다.

미시간주 그랜드래피즈에 있는 웨슬리안교회 소속 다민족교회인 시티라이프교회는 지난 몇 년 동안 전국에서 BIA 인증을 받으려고 애쓴 수십 개의 교회 중 하나이며, 많은 교회는 다교파 네트워크인 '이민연맹'을 통해 연계되어 있다. 약 10년간 지역사회 이민자들이 귀화 시험을 준비하는 데 도움이 되는 수업을 제공해온 시티라이프교회는 2014년이 끝나갈 무렵, 이제는 직접 귀화 및 다른 이민 신청을 돕기 위해 이민항소위원회가 인증하는 절차를 밟았다.

BIA 인증 승인을 받기 위해, 교회는 인종 화합과 정의에 대한 열정이 넘치며 갓 대학을 졸업한 케이티 화이트를 시험이 포함된 40시간짜리 이민법 집중 수업에 참가시켰다. 이후 그녀는 인디애나주로 가서 이미 BIA 인증을 받아 매달 수십 명의 고객에게 법률 자문을 제공하는 또 다른 웨슬리안교회 소속 교회에서 현장 연수를 받았다. 원서를 신청하고 몇 달 후 시티라이프교회는 승인이 되었고, 이로써 케이티는 고객을 받을 수 있게 되었다.

교회가 법률 자문 서비스를 제공한다는 소식이 퍼지는 데는 몇 개월이 걸렸지만, 케이티는 이제 고객들을 주 3일, 가끔은 토요일에도 받는다. 교회가 섬긴 이들 중 절반 정도는 특히 미얀마, 이라크, 콩고민주공화국에서 미국으로 온 난민이며, 이 중 여럿이 미국 시민권을 신청한다.

어떤 경우에 케이티는 미국 이민법의 잔인한 한계를 설명해야만 할 때가 있다. 예를 들어 재정착한 난민이 대가족 구성원과 재결합할 수 있는 법적인 장치가 존재하지 않는다거나, 혹은 해외로 나갔다 왔다는 사유로 귀화 부적격자가 되는 경우 말이다. 하지만 그럴 때조차 그녀는 '좋지 않은 소식을 아름답게' 전달하는 법을 배웠다고 말한다. 대부분은 비록 실망스럽더라도, 복잡한 미국 이민법에 관한 솔직한 대답에 그저 감사하기 때문이다. 물론, 많은 이들은 이 과정에서 영주권이나 시민권을 신청할 자격을 얻는다. 시티라이프교회의 이민 연결 사역은 운영을 시작한 첫해에 세계 곳곳에서 온 100여 명의 개인을 섬겼다.

시티라이프교회는 "이방인에게 환대를" 베풀며, "잃어버린 사람들을 찾는 일에 어떠한 고생도 마다치 않는" 교회가 되는 것을 목표로 한다. 경제적이고 인증받은 법률 서비스 제공은 이 두 가지 필요를 모두 채워 줄 특별한 기회임을 증명했다.

난민이 '내 집 마련'을 할 수 있도록 돕기

약 8년 동안 나(매튜)는 이웃 대부분이 난민인 아파트 단지에서 살았다(미국에서 '아파트' 개념은, 주로 소유와 관리를 맡은 기업에서 월세로 일정 기간 계약을 맺어 입주민에게 주거를 제공하는 임차 거주 공간을 뜻한다. 한국에서 사용되는 의미의 '아파트'는 미국에서 '콘도미니엄'[condominium] 또는 짧게 '콘도'로 불린다-역주). 그리고 2014년에 이 아파트 단지가 갑작스럽게 새 회사에 팔린 후, 월세는 급격히 올라가고 거주 인원 제한에 관한 새 규정이 생겼다. 우리 가족도 계약을 연장할 방법이 없다는 사실을 깨달았다. 우리가 사랑하게 된 동네—그리고 우리 집—에 작별을 고하는 일은 괴로웠고, 이웃의 상당수가 이미 고향에서 훨씬 더 잔인한 폭력으로 경험한 실향의 고통을 나 역시 조금이나마 경험할 수 있었다. 또한 이 경험은 많은 재정착 난민이 마주하는 큰 어려움이 무엇인지 분명히 알게 했다. 바로 적절한 주거 환경을 찾는 일이었다.

쫓겨나게 된 상황은 아파트에서 월세를 전전하던 우리가 집을 사게 된 동력이 되었다. 침실 두 개 딸린 아파트 월세로 매달 나가던 약 1천 달러(약 110만 원) 미만의 비슷한 비용으로, 우리는 더 큰 집에서 매달 융자도 갚으며 혹 아이들이 대학 갈 때 학비로 쓸 수도 있을 자금을 저축하기 시작했다. 나는 이제서야 직관적으로 왜 주택 보유자들의 순자산 중간값이 평균 세입자 순자산의 36배나 되는지,[6] 그리고 왜 주택 보유자 자녀들이 세입자 자녀들보다 117퍼센트나 높은 확률로 대학을 졸업하는지 알 수 있었다.[7]

하지만 우리가 집을 구매하고, 거의 하룻밤 만에 훨씬 더 나은 장기 재정 전망을 할 수 있었던 유일한 이유는 가족의 도움이 있었기 때문이었다. 난민 이웃 대부분은 우리처럼 월세를 꼬박꼬박 내며 살아가고 있었지만, 계약금을 저축할 수 있을 만큼 여유롭지 않았으며, 미국에는 여행 가방에 들어갈 정도의 짐만 가지고 들어왔기에, 집을 사는 일은 선택사항이 될 수 없었다. 심지어 고국에서 중산층 또는 상류층 생활을 하던 이들도 고향을 떠날 때 거의 모든 것을 잃는다.

데지리 구즈만과 그녀의 남편 릭은 그들이 친구로 지내는 여러 가정에게 이런 상황이 반복되는 것을 자주 보았다. 일리노이주에 있는 월드릴리프 오로라 지부와 협력 관계에 있는 교회를 통해 난민과의 만남이 시작된 이 부부는, 난민 가정이 자녀에게 더 밝은 미래를 물려줄 수 있도록 가난의 악순환을 끊는 일을 돕고 싶어 했다.

이들은 쿠바에서 온 가정을 자기 집에 살게 하는 것을 시작으로, 월세로 나갈 비용을 저축할 수 있게 하여 1년 후에는 계약금이 모일 수 있도록 도왔다. 그리고 2006년 릭의 동생 브라이언 이매뉴얼 구즈만이 갑자기 사망하자, 가족은 브라이언을 추모하며 기부받은 금액을 더 많은 가정을 섬기는 데 필요한 작은 아파트 건물 매입에 필요한 종잣돈으로 사용했다. 동생의 삶을 기린다는 의미와 또한 다가올 메시아가 '임마누엘'이라 불릴 것(사 7:14)이며, 무너진 데를 보수하는 자요 길을 고쳐 거할 곳이 되게 하는 자(사 58:12)라고 불리리라는 선지자 이사야의 예언을 잊지 않는다는 의미로, 단체 이름은 '임마누엘 하우스'로 정했다.

임마누엘 하우스는 현재 오로라 지역의 아파트 일곱 가구를 소유하고 있으며, 추가로 여섯 군데의 부동산을 하나님 나라에 대한 소망을 품고 살아가는 투자자로부터 임차하고 있다. 임마누엘 하우스의 저축 프로그램에 참여하는 가정들은 임마누엘 하우스 소유지에 18개월 동안 시중 시세로 월세를 지불한다. 지역교회들은 각 소유지를 후원하며 금전적으로 경상비와 유지비를 지원하고 금융상담을 제공하며 친구가 되어 준다. 이러한 방식으로 월세를 저축해—보통 18개월 동안 1만 2천 달러(약 1,400만 원)가량이 모인다— 프로그램이 끝날 무렵 집을 얻는 데 계약금으로 사용하게끔 한다. 벌써 열두 가정이 이런 식으로 집을 구매했다.

"우리가 서로 관계를 소중히 하며 모일 때, 모든 이웃의 가능성이 최대로 발현되도록 하는 네트워크를 만들 수 있습니다," 데지리는 말했다.

보호자 미동반 아동과 비호신청자 섬기기

지역교회들은 또한 중앙아메리카의 갱단 폭력으로부터 피신한 이들, 특히 미국과 멕시코 국경에 부모 없이 도착하는 아동과 청소년들을 선두에서 섬기고 있다. 미국 법에 따라 이러한 보호자 미동반 미성년자들은 미 보건복지부가 관리하며, 부서와 계약된 비영리 재단(신앙 기반의 조직이 많다)은 친지와 만나기 전까지 그들을 보살핀다. 이들은 합법적으로 머물 수 있는지 아니면 추방당할지 판사 앞에 서서 판단을 받아야 한다.

미국 정부의 신뢰를 받아 이러한 보호자 미동반 어린이를 보살피는 단체 중에는 플로리다주 탬파에 위치한 오순절하나님의교회국제운동(Iglesia de Dios Pentecostal M.I.)이 있다. 국경에 도착하는 어린이들 이야기가 헤드라인을 장식하던 2014년 여름, 다비드 리베라는 전국라틴복음주의협회에 있는 친구에게서 전화 한 통을 받았다. 친구는 혹시 방과후학교 프로그램으로 사용하던 450평 규모의 그의 교회 시설을 중앙아메리카에서 보호자 없이 오는 어린이들의 임시보호소로 사용할 수 있는지 물어왔다. 이런 이슈는 사실 논쟁적이어서, 시위대를 맞이하고 싶지 않았던 다비드는 처음엔 머뭇거렸다. 하지만 곧 그는 이 아이들의 육체적, 정신적, 영적 필요를 보살피는 것이 교회가 마땅히 해야 할 일임을 확신하게 되었고, 친구에게 다시 전화를 걸어 그렇게 하겠다고 답을 주었다.

수천 명의 교인이 있는 이 스페인어권 회중은 이러한 계기로 단결하여 8만 달러(약 9,100만 원)의 현금 및 현물 기부를 모아 공간을 개조하는 데에 보탰다. 그들은 기업체에서 10년 이상 일한 다비드의 아들 다비드 주니어를 고용하여 '피난처'(Refugio)로 이름 지은 이 센터를 운영하게 하고, 아이들을 돌보는 데 필요한 지역, 주정부, 연방 정부 차원의 행정 절차를 밟았다.

2015년 6월, 시설은 13-17세의 소년들을 여덟 개의 침실에서 25명씩 머물게 할 만한 규모로 시작했다. '피난처'는 밤낮으로 시설에 상주할 청소년 관리사, 교육을 제공할 선생 그리고 엘살바도르, 과테말라, 온두라스 등지에서 끔찍한 갱단 관련 폭력을 경험하거나 목격한 아이들의 정신적 필요를 진단할 임상의들을 채용했다. 또한 선택적인 전도와 제자도 프로그램에 참여했다.

'피난처' 팀은 이러한 취약함에 처한 아이들에게, 가족이나 후원자와 만나 시설에서 나가기까지 평균 23일 동안 하나님의 사랑을 전하기 위해 최선을 다했다. 약 45퍼센트의 어린이가 이미 미국에 거주하고 있는 부모와 재회했고, 다수의 아이는 친척과 만났으며, 가족의 친구와 재회하는 아이도 있었다.

가장 어려운 과제 중 하나는, 아이들의 보호권이 가족이나 후원자에게로 옮겨 갔으니, '피난처' 직원들이 더 이상 아이들을 돌보지 못하게 막는 정부 정책에 관한 것이라고 다비드 주니어는 말한다. 각자는 결국 법정에 서야 하는데, 그중 누군가는 추방될 것이다. 교회가 그래도 할 수 있는 일은 아이들을 위해 기도하는 일과 그들의 문을 통해 들어오는 아이 한 명 한 명에게 하나님의 사랑을 신실하게 보이는 것이다.

교회는 또한 수용 시설에 감금되는 성인 비호신청자를 돌보는 데에 중요한 역할을 맡는다. 월드릴리프 시애틀 지부는 25개가량의 지역교회―대부분 영어가 아닌 언어로 예배드린다―로부터 자원봉사자들을 꾸려, 워싱턴주 타코마에 위치한 북서외국인보호소에 억류된 이들이 그들 문화에 맞는 예배를 드릴 수 있도록 돕고 있다. 매주 최대 수용 인원을 1,575명으로 제한하는 보호소에서 약 500명의 억류자가 일주일에 여덟 번의 예배 중 한 번은 참여한다. 2015년에는 총 1만 5천 명의 각기 다른 사람들이 참여했고, 2천 명 이상이 예수를 따르겠다고 결단했으며, 그중 266명이 세례를 받았다.

보호소에 있는 대부분은 결국 추방당하지만 몇몇은 비호 신청이 받아들여지며, 월드릴리프 시애틀 지부에서는 그들이 직장을 찾고 새로운 삶을 시작할 수 있도록 돕는다. 너무나 많은 사람이 억류되고, 또 많은 사람이 도망쳐 나온 고국으로 강제 송환되는 일은 참으로 애석하지만, 우리는 잠시나마 그리스도의 사랑을 전할 기회를 얻은 것에 감사한다. 억류되었던 한 사람은 시설 안에서 그리스도를 영접하여, 강제송환 된 후 중국에서 교회를 세우는 이가 되었다.

탄압을 피해 도망친 이들에게 예수의 사랑을 보여 준 전 세계 지역교회들이 전하는 이야기가 수백 편도 더 있다. 하지만 세계가 유례없는 난민 위기 사태를 맞이한 지금, 현재의 대응보다 훨씬 더 큰 필요를 교회에 요청하는 중이다. 우리는 당신과 교회가 이 놀라운 소명에 동참하기를 기도한다.

8. 최고의 치유 경험은 관계를 통해 온다

사미르(Sameer)는 이라크 출신 난민이다. 월드릴리프의 사회복지사에게서 적응에 어려움을 겪고 있다는 소식을 듣고 나(이쌈)는 그의 집을 방문했다. 그가 미국에 온 지 두 달 되던 때였다. 사미르의 아내 사라는 깔끔하지만, 빈 공간이 많은 거실로 나를 이끌었다. 몇 분 뒤, 31세인 깡마른 사미르가 목발을 짚고 거실로 나왔다. 목에는 비록 스카프로 가렸지만 상처가 있었다. 사미르는 나를 큰 미소로 반겨 주며 방문에 고마워했고, 아내는 그가 소파에 앉을 수 있도록 도왔다. 얼마 후 에어컨이 자동으로 나오자 그는 깜짝 놀랐다. 본인이 소리에 민감하다고 사과하며 설명했다.

사미르는 자기 이야기를 나누면서 이라크에서는 어린 시절 때부터 어려움을 겪었다고 말했다. 그의 부모는 사담 후세인의 심복에게 자주 소환되어 심문을 받았다. 자주 사라졌다가 며칠 혹은 몇 주간 집으로 돌아오지 않았다. 하루는 사미르가 여섯 살일 때, 어머니가 여느 때처럼 소환되어 갔지만, 다시는 돌아오지 못했다고 한다. 당시에는 어떤 일이 일어났는지 몰랐지만, 지금은 고문을 받다가 사망한 것으로 믿고 있다.

이러한 배경 때문에, 사미르는 어릴 때부터 홀로 서는 법을 배워야 했다. 그는 자신과 남매들을 책임지기 위해 열심히 일했다. 마침내 전문대학을 졸업했지만, 정부는 사미르의 종교에 속한 사람들을 차별했기 때문에 고등학교 이후 공부를 이어가기 위해 여러 어려움을 극복해야만 했다.

2007년, 이라크에서 수니파와 시아파 무장단체 사이에 내전이 일어났을 때, 사미르는 외국인이 이용하는 바그다드 호텔의 경비 직원으로 일하게 되었다. 교대 근무를 마친 어느 날, 차를 타고 집으로 돌아가던 그와 두 친구는 검문소에서 제지를 받았다. 무장한 이들이 그들을 차에서 내리라고 할 때, 사미르는 곤경에 처했음을 직감했다.

사미르는 딜레마에 빠졌다. 그는 신분증을 두 개 가지고 다녔는데, 하나에는 수니파 식 이름, 다른 하나에는 시아파 식의 이름이 적혀 있었다. 종파가 다른 무장 단체가 바그다드의 여러 지역을 각기 통제하고 있었으므로, 이러한 대처법은 당시 이라크인이 흔히 사용하던 방법이었다. 그는 어떤 신분증을 내밀어야 했을까?

사미르는 둘 중 하나를 무장단체에 건네고 숨죽이고 있었다. 그들은 그것을 보더니 이내 사미르와 친구들을 붙잡고 눈을 가린 후, 어느 동떨어진 곳으로 데려갔다. 사미르는 몇 시간 동안 맞고 고문

당했다. 길고 힘든 심문이 끝나고, 그가 종교적인 신분과 관련된 질문에 성공적으로 답하자 납치범들은 그를 놓아주기로 결정했다.

그를 막 놓아주려고 하는 찰나, 무장군인 하나가 사미르의 차 안 가방 속에 숨겨 둔 휴대전화를 발견했다. 그들은 사미르의 전화를 꺼내 아내에게 전화했다. 그녀에게 가족의 종교에 관한 질문을 했고, 답변을 들은 납치범들은 사미르가 거짓말을 했다고 결론지었다. 사미르는 심하게 고문당했고, 각각 다른 곳에 여섯 발의 총상을 입었다. 총알 하나는 목을 뚫고 지나갔다. 그가 죽었다고 생각한 납치범들은 사미르를 대형 쓰레기통에 던져 넣고 가버렸다.

몇 시간이 지난 후 경찰 한 명이 쓰레기통을 지나며 사미르를 발견했다. 그에게 숨이 아직 붙어 있음을 확인한 경찰은 구급차를 불렀다. 사미르는 이후 두 달을 바그다드 병원의 중환자실에서 보냈다. 그는 한 달 이상을 의식 불명 상태로 있었다. 퇴원 후 사미르와 아내는 이라크로부터 피신하기로 했다. 무장단체가 그를 쫓아와 죽일 것이 두려웠기 때문이다. 부부는 시리아로 도망쳐, 세 살배기 아들 위쌈과 함께 미국에 난민으로 받아들여지기까지 그곳에서 3년을 보냈다.

사미르가 이야기를 끝내 갈 무렵, 위쌈이 갑자기 거실로 뛰어들어왔고 사미르는 깜짝 놀라 펄쩍 뛰었다.

돕는 것은 생각처럼 쉽지 않다

이 책에서 우리는 열정을 다해, 이 땅에 들어오는 난민은 교회에게 기회를 뜻하고, 우리에게는 성경이 분명히 명한 대로 행동해야 할 책임이 있으며, 이들을 받아들이는 국가는 축복을 받는다고 계속 설명해왔다.

하지만 사미르의 이야기가 보여 주는 것처럼, 난민과 함께하는 것은 매우 어려운 일이다. 사전적인 정의상 난민들은 탄압과 트라우마와 밀접하게 연결되어 있다. 시간이 지나면서 거의 대부분 회복하지만, 그들을 도망하게 한 상황으로 말미암은 슬픔과 상처—육체적인, 정신적인, 영적인—를 여전히 간직한 채 새 문화권에 적응하는 것은 무척 어려운 과정이다.

이러한 끔찍한 일을 겪은 이들을 대상으로 사역하거나 단지 우정을 나누는 일을 생각만 해도 더럭 겁이 날 수도 있다. 실제로 초반에 열정이 넘치던 자원봉사자 가운데 많은 수가 난민을 섬기는 일을 그만두는데, 이는 도움이 필요한 영역이 너무 넓어 어쩔 줄 몰라 하거나, 난민 친구의 이해할 수 없는 행동에 당황하기도 하며, 의사소통에 오해가 생겨 상처도 받기 때문이다. 난민들에게 전혀 도움이 되지 않았을 뿐더러, 오히려 상황이 더 악화된 사례도 몇 건 있다.

그 와중에 좋은 소식을 전하자면, 이러한 상황은 대부분 피할 수 있다는 것이다. 월드릴리프에 자원봉사자가 지원하면, 우리는 그들이 먼저 스티브 코벳과 브라이언 피커트가 쓴 책, 「헬프: 상처를 주지 않고 도움 주고받는 성경적인 방법」(국제제자훈련원)을 읽도록 추천한다.[1] 취약한 상황에 놓인 이들의 존엄성을 어떻게 지키고, 건강하지 못한 의존 관계를 피하며 자원봉사자의 탈진을 예방할 수 있는지를 잘 서술했다. 월드릴리프의 직원은 또한 오리엔테이션을 열고 자원봉사자에게 지속적인 훈련과 지원을 제공하며, 가능한 한 단체 또는 팀으로 함께 사역하는 것을 권장한다. 우리가 경험한 바에 따르면 이것이 가장 지속 가능한 사역 모델이기 때문이다.

난민을 도우면서 의도치 않게 그들에게나 봉사자 본인에게 상처를 입히지 않으려면 박해를 피해 새로운 환경에 처한 이들이 주로 겪는 내적인 문제(트라우마와 기타 정신적인 문제들)와 외적인 문제(가령 새로운 문화권에 적응하는 일이나 의존적인 관계가 되지 않게 하는 일)를 둘 다 잘 이해하는 일을 우선적으로 고려해야 한다.

트라우마: 내적인 어려움

'트라우마'(trauma)는 '부상 혹은 상처'를 뜻하는 그리스어에서 나왔다. 정신과의사나 심리학자들은 생존자에게 공포나 무력감을 느끼게 하는, 많은 경우 생명의 위협이 될 정도의 극단적인 스트레스를 일으키는 사건을 가리키며 이 단어를 사용한다. 트라우마는 '영혼에 입은 부상'[2]이다. 사미르는 죽음과 대면한 사건을 겪으며 공포에 질리고 무력함을 느꼈다.

연구원들은 트라우마 사건이 정신적인 상처를 남겨 생존자의 기분, 삶에 대한 시각, 성격, 기능적인 수준 등에 심각한 변화를 몰고 올 수 있음을 발견했다.[3] 트라우마 생존자들이 반복해서 말하는 것 중에 내(이쌤)가 가장 많이 들어 온 표현은 "예전의 나로 돌아가고 싶어요"였다. 트라우마 사건의 후폭풍으로 사건에 대한 기억이 정중앙을 차지하게 되면서, 인생의 다른 중요한 순간에 관한 기억은 상대적으로 밀려나기 때문이다.

사랑하는 사람을 잃거나 경제적인 위기 속에서 씨름하는 등의 사건도 물론 괴롭고 슬프지만, 트라우마 사건은 인간의 몸과 마음이 전혀 다르게 경험하고 받아들인다. 생존자가 높은 경계 상태를 지속하면서 일상생활 자체가 어려워진다는 점이 트라우마가 다른 손실 사건과 구분되는 지점이다.

트라우마와 외상후스트레스장애(PTSD)

트라우마의 이러한 심리적인 반응은 '외상후스트레스장애'(post-traumatic stress disorder, PTSD)로 불린다. PTSD 개념은 수천 명의 베트남전쟁 참전용사가 미국에 돌아온 후, 서로 비슷한 심리적인 증상을 보이면서 의학적인 주목을 받았다.[4] 강간당한 여성들 또한 비슷한 증상을 보였다.[5]

난민은 트라우마 사건을 가장 많이 경험하는 집단 중 하나이다. 유엔난민기구는 최소한 39퍼센트의 난민이 PTSD를 경험한다고 추정하며, 이는 일반 인구의 1퍼센트에 비하면 뚜렷하게 높은 수치이다.[6] 다른 연구는 트라우마 경험의 종류에 따라 PTSD의 빈도와 강도가 달라진다는 것을 밝혀냈다.[7] 특히 많은 수의 난민이 경험하는 강간, 전투 노출, 아동 시절 방치 및 신체적인 학대, 성추행, 신체 공격, 고문, 전쟁 그리고 납치의 트라우마는 높은 확률의 PTSD와 모두 연관이 있다. PTSD는 난민 어린이와 어른에게 모두 영향을 끼치며, 우울증, 약물 남용, 공포증, 불안증, 분노조절장애와 같은 다른 정신적인 질환들과 높게는 80퍼센트까지 연관되어 있다.[8]

한 가지 흔한 증상은 사미르의 사례에서 본 것과 같은 '침투적 사고'이다.[9] 그의 뇌는 트라우마 사건의 상세한 장면들을 걷잡을 수 없이 반복 재생한다.[10] 이러한 트라우마 기억들은 그가 어디를 가든 쫓아다니는 괴물과 같아서, 미국으로 이주한 후에도 계속 따라다녔다. 트라우마와 연관된 무서운 장면과 소리를 떨쳐 내려던 모든 시도는 실패했다. 낮에는 플래시백 현상(마음에 예기치 않게 역사적인 장면 혹은 과거 경험이 갑작스럽게 떠오르는 현상-역주)으로, 밤에는 악몽으로 이 장면과 소리가 재생되어, 사미르는 가족이나 친구들과 양질의 시간을 보낼 수 없었다. 더욱이 플래시백 현상은 영어 수업 중에도 나타나 집중을 방해해서 문화적으로 적응하기 힘들게 했고, 무시무시한 악몽은 그를 지치고 피곤하게 했다.

이에 사미르는 트라우마 사건을 떠오르게 하는 사람, 행사, 소음, 냄새, 장소를 적극 피하게 되었는데, 이는 PTSD의 또 다른 흔한 증상이기도 하다. 흰 가운을 입은 의사들은 이라크 병원에서 보낸 시간을 떠오르게 해서, 병원에 가는 일도 그에게는 큰 문제였다. 새로 정착한 동네에서 만나는 경찰은 자신을 잡아가려고 다니는 것이 아님을 이성적으로는 알면서도, 경찰복을 입은 모습을 볼 때마다 공포감이 일어나 일부러 경찰서를 피해 옆길로 돌아간다. 운전면허 시험 통과조차 어려웠다. 중동에서 이 시험은 주로 경찰이 주관하기 때문에, 운전석 옆자리에 앉아 평가하는 차량교통국 직원을 경찰이라고 생각하기 때문이다.

또한 회피 증상은 가끔 무감각함으로 나타나기도 한다. PTSD 증상을 겪는 생존자들은 다양한 감정을 경험하는 일이나 사람들에게 자기 감정을 표현하는 것에 자주 어려움을 겪는다. 이어지는 결과로 그들은 사람들로부터 스스로 고립시키며 함께 즐기던 활동에도 관심을 덜 보인다.[11] 이러한 증상들은 트라우마 사건을 피하기 위한 자기 나름의 시도이며, PTSD를 경험하는 난민들이 새 나라에서 잘 적응하고 즐기기 위해 극복해야 하는 추가 장애물이다.

사미르는 예민하게 놀라는 반응에 대해 자주 불평했는데, 이 또한 PTSD의 증상 중 하나이다. 그는 에어컨이 자동으로 켜질 때, 누군가가 문에 노크할 때 또는 아이가 갑자기 울음을 터뜨릴 때—이 때문에 아내와 다투기도 한다— 깜짝 놀란다. 그는 지속해서 위협을 느끼며 살아간다.

"저는 일어난 일을 기억만 하는 것이 아니라 그 당시를 다시 살아갑니다." 사미르는 고백했다. "그런 일이 또 일어날 수 있기 때문에 항상 방어 태세를 갖춰야만 할 것 같은 기분이에요." 사미르와 같이 각성 증상을 경험하는 난민은 분노와 짜증이 자주 폭발하는 것을 경험한다. 대화에 집중하는 것도 힘들다. 이러한 문제는 대인 관계에서 파괴적인 결과를 가져오며, 직장을 유지하기도 어렵게 해서 경제적인 부담을 가중해서 결과적으로 더 스트레스를 쌓이게 하는 악순환으로 연결된다.

마지막으로 사미르와 같은 트라우마 생존자들은 자신과 자신을 둘러싸고 있는 환경에 대해 지속해서 왜곡되고 부정적인 신념과 기대를 만들어 낸다. 사미르는 트라우마 때문에 자주 자신을 탓했다. 이러한 비이성적인 생각은 이어 두려움, 분노, 죄책감, 수치감과 같은 부정적인 감정을 만들어 내, 스스로 사람들로부터 자신을 격리하고 세상이 매우 위험한 곳이라는 감정을 느끼게 했다.

PTSD 이해하기: '뜨거운 기억'과 '차가운 기억'

PTSD는 기억에 장애가 생긴 것이다.[12] 보통 인간의 두뇌는 기억을 의식적으로 불러낼 수 있는 상태로 저장한다. 전문가들은 이를 '차가운 기억'이라 부른다.[13] 하지만 생명에 위협이 가해지는 극단적인 상황에서 인간의 두뇌는 이와는 다른 형태의 '뜨거운 기억'을 저장한다.

국가 수도 이름, 아침에 먹은 음식 종류 등의 일반적인 정보가 차가운 기억에 해당한다. 차가운 기억은 정보를 불러내려고 의도적으로 문서 파일을 여는 것과 같다. 기억을 되살리는 과정에서 강렬한 감정적 반응은 일어나지 않는다. 반면 뜨거운 기억은 유튜브의 팝업 광고처럼 영상과 소리로 이목을 집중시키며 아무 때나 나타날 수 있다.

차가운 기억은 대부분 '해마'(통상적으로, 사건에 시간적인 순서를 부여하는 뇌 기관으로 알려져 있다)의 도움으로 저장되기 때문에, 주로 분명한 시간 순서대로 정돈되어 저장된다.[14] 반면, 뜨거운 기억은 대부분 레이더처럼 위협을 감지하여 신체를 거기에 알맞게 준비시키는 뇌 기관인 '편도체'의 도움으로 저장된다. 차가운 기억이 서술하는 방식으로 저장되는 반면, 뜨거운 기억은 조각나 있고, 영상, 냄새, 목소리, 생각, 감정, 심리적 반응 등의 감각 요소로 저장된다.[15]

뜨거운 기억은 강렬한 공포감과 무력감과 연관되어 있어, 마치 현재 트라우마가 되살아나는 것처럼 느끼게 한다. 이 기억이 발동되기 시작하면, 사미르와 같은 생존자들은 심박 수 증가, 호흡 증가, 혈압 상승 등의 증상을 동반하는 완전한 공황 발작을 경험한다. 이러한 기억은 언제든지 나타날 수 있기 때문에, 트라우마 생존자들은 신호가 될 만한 어떤 것이든—영상, 장소, 소음, 생각, 감정 등—사건을 떠올리게 하는 것을 피하는 법을 빠르게 습득한다.

이러한 도화선은 과거의 트라우마를 통해 경험한 것과 비슷한, 강렬한 감정적 반응을 유발하여 '공포 연쇄작용'을 일으킨다.[16] 공포 연쇄작용은 감각 요소(영상, 목소리, 냄새 등), 생각, 감정, 신체적인 반응(빠른 심박 수, 가쁜 호흡)으로 이루어진, 도화선들의 연결망과 같다.

두려움의 연쇄 작용

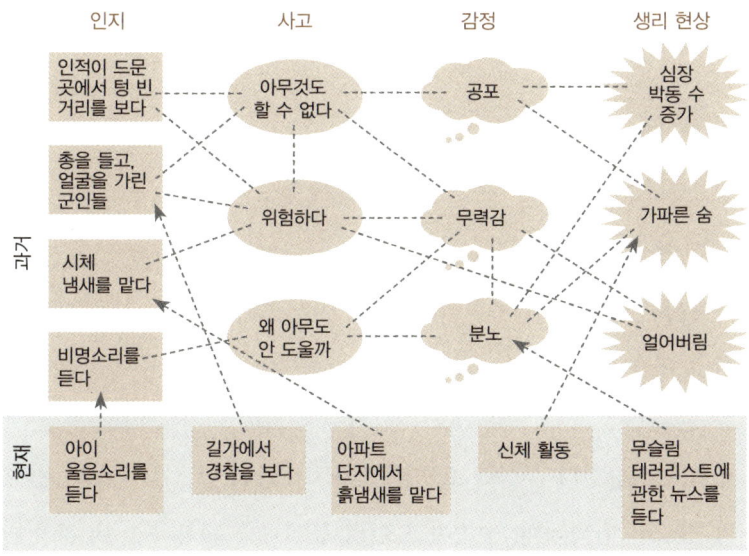

사미르의 경우, 어떤 계기 하나(혹은 둘 이상의 조합)가 이라크에서 경험한 것과 같은 극심한 심리적인 반응을 일으킨다. 이 두려움의 집합체는 여러 부분에서 지뢰밭을 가로질러 걷는 것과 유사하다. 작아 보이는 스위치 하나(가령 아이 울음소리)가 다른 스위치를 발동하고, 결국 연쇄 작용을 일으켜 본인이 곧 죽게 된다고 느껴지는 완전한 공황 발작으로 이어진다. 한번은 아파트 계단을 내려가다가 사미르에게 공황 발작이 왔다. 피곤해서 잠깐 앉아 쉬는 동안, 그는 자기 심장이 뛰는 것(신체적인 도화선)을 느꼈다. 이것은 그의 기억을 자극했고, 이어 무력감을 느끼며 곧 죽을 것 같은 기분이 들었다. 이런 신체적인 반응은 점점 처음 트라우마를 경험할 때와 비슷한 느낌이 들게 했다. PTSD를 적절히 치료하지 않는다면 사미르의 사례에서 보듯 심신이 크게 쇠약해진다.

트라우마 치유의 길

다행히도 PTSD는 치유 가능한 질병이다. 지금껏 여러 치료 방법에서 효과를 봤는데, 심리 치료가 주된 요법이지만, 악몽이나 불면증 등 신체 증상의 강도와 빈도수를 낮추기 위해 이따금 약물 병행 치료법도 사용한다.[17] 심리 요법과 약물치료의 조합으로 증상의 빈도와 강도가 완화되며, 생존자가 삶의 통제권을 회복하는 데 도움을 받는다.

하지만 많은 난민은 PTSD가 치료받을 수 있는 질병이라는 사실을 모른다. 그들의 학력과 출신 문화에 따라 다르긴 한데, 몇몇 난민은 PTSD 경험으로 자신이 미쳐간다고 생각하기도 한다. 강한 수치감과 죄책감으로 가정 밖의 다른 사람과는 증상을 공유하지 않는다.

난민을 가까이에서 섬기는 이들은 앞에 설명한 PTSD 증상을 발견해 도움을 줄 수 있다. 증상이 뚜렷하고 본인이 치료받길 원한다면, 전문적인 도움을 권하는 것이다. 난민이 아닌 이들에게도 마찬가지겠지만, 정신과 상담은 금기시되는 경우가 많으므로 본인 혹은 가족이나 친구가 어려운 일을 당했을 때 상담과 조언을 구했던 경험을 나누면 도움이 될 것이다.

전문적인 도움의 손길을 받는 데에는 여러 방법이 있다. 몇몇 난민 정착 지원 단체에서는 문화적으로 민감한 주제들을 조심스럽게 다루도록 훈련받은 사람에게 상담을 받도록 한다. 또한 다양한 민족 커뮤니티에서도 비슷한 종류의 서비스를 제공한다. 의사가 직접 도와주거나 혹은 더욱 전문성 있는 정신과의사를 소개할 수도 있다.

하지만 현실적으로 정신 건강 서비스는 우리가 생각하는 것보다 그리고 실제로 필요한 수요에 비해 난민 입장에선 접근하기가 어렵다. 그렇기에 그리스도를 따르는 이들은 자신의 필요에 관해 고심해야 한다. 가령 재정 자원이 있는 이들은 저렴하고 문화적으로 세심한 상담 서비스를 지원할 수 있고, 정신 건강 전문가는 자원봉사로 의료 서비스를 제공할 수 있으며, 우리는 모두 충분한 서비스가 제공될 수 있도록 공공정책을 지지하고 옹호할 수 있다. 이를 정책적인 우선순위로 삼도록 제도를 압박할 수 있다.

또한 자원봉사자 및 난민과 집중적으로 일하고 소통하는 이들이 꼭 알아야 할 것은, 트라우마 이야기는 듣는 이에게도 같은 증상을 일으킬 수 있다는 것이다. 심리학자들은 이러한 현상을 '대리 외상'(vicarious traumatization)이라 부른다.[18] 자원봉사자 혹은 난민과 함께 시간을 보내고 소통하는 사람들은 이들의 트라우마 이야기로 플래시백, 악몽 그리고 기억의 깜빡거림을 경험할 수 있다. 난민과 일하는 사람은 이러한 현상이 일어날 때, 잠깐 쉬어 가고, 영적으로 감정적으로 충전해야 하며, 증상이 계속된다면 전문가에게 도움을 청해야 한다.

트라우마는 많은 난민에게 영향을 주는 실제 증상이기에, 그들을 섬기면서 우리 또한 해를 입지 않으려면 이런 부분을 숙지하고 있어야 한다. 이것은 도저히 넘지 못할 장벽은 아니다. 우리는 난민들이 과거의 트라우마를 극복하고 회복하는 과정을 목격하면서 하나님이 인간을 매우 강인하게 만드셨음을 깨달았다.

외부적인 어려움: 문화 적응

사미르와 같은 많은 난민은 트라우마 등의 내부적인 어려움을 겪으면서, 새롭고 완전히 다른 문화에 적응해야 하는 외부적인 어려움 또한 해결해야 한다. 난민을 잘 섬기려면 우리는 그들의 정착과 적응 과정에 문화가 어떻게 영향을 미치는지 잘 이해해야 한다.

문화는 "전통 양식, 믿음과 가치 그리고 한 세대에서 다음 세대로 전해지는 규범들로 이루어진 학습된 의미 체계"로 정의된다.[19] 우리는 각자 어릴 때부터 부모, 선생, 종교 지도자 그리고 다른 권위자들로부터 어떠한 문화적인 원칙을 따르는 법을 배운다. 이러한 원칙은 우리의 소통 방식에 영향을 주고, 일상생활을 규정하며, 관계를 이끌고 지배한다. 재정착한 문화권에 속한 사람들과 만나기 시작할 때, 다른 문화에는 다른 규칙과 규범들이 있으며, 그것이 때로는 긴장과 갈등을 유발할 수 있음을 확인한다.

문화에는 관측 가능한 부분도 있지만, 대부분은 추측이나 상상 또는 직감으로 이해해야 한다. 문화를 빙산으로 비유하면 이해에 도움이 된다. 빙산처럼 문화에서 보이는 부분은 훨씬 더 큰 전체의 작은 부분일 뿐이다. 옷가지, 음식, 음악, 언어 등이 문화에서 보이는 부분이라면, 보이지 않는 부분은 믿음, 가치, 전통, 사고방식 등을 포함한다.[20]

빙산으로 비유되는 문화

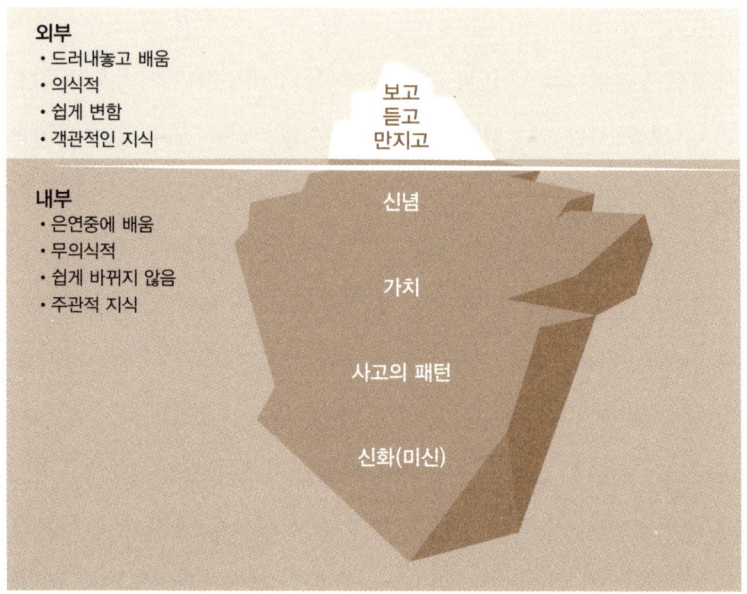

출처: Geert Hofstede & Gert Hofstede, Cultures and Organizations: Software of the Mind (2005).

다문화간 소통의 초기 단계에서 사람들은 그들의 문화와 새로운 문화 사이에 공통점을 더 많이 본다. 처음에는 타문화의 보이는 부분만 경험하기 때문이다.[21] 하지만 시간이 흐를수록 보이지 않는 문화적인 역학이 인식을 형성하면서 여러 일에 대해 서로 다르게 받아들이고 해석하기 때문에 다문화간 소통은 시간이 갈수록 점차 감정적으로 격해질 수 있다.

개인주의 vs. 집단주의 문화

인류학자 헤이르트 홉스테더는 현대 사회를 개인주의 문화와 집단주의 문화라는 두 개의 일반적인 범주로 구분했다.[22] (난민이 주로 발생하는 지역인) 아시아, 중동, 아프리카, 중남미 등의 집단주의 문화권에서는 어릴 때부터 나보다는 우리를 강조하고, 집단 응집과 화합을 도모하는 충성, 상하 관계, 노인 공경, 환대와 같은 가치를 장려한다. 그들은 집단의 이익을 개인의 이익보다 앞세워야 한다고 배운다.

다른 한편으로, (북유럽이나 북미 지역의) 개인주의 문화권에서는 독립성, 적극성, 임무 지향성, 시간 효율성 등의 성향을 강조하는 환경에서 자란다. 먼저 개인 이익을 보호하고 높이는 데에 행동과 결단의 초점을 맞춘다. 개인주의 문화권에서 양육의 최종 목표는 아이들이 삶의 어려움을 스스로 해결할 수 있도록 하는 것이다.

"자기가 속한 집단을 도덕적이고 우월하게 보고, 자신의 가치 기준을 보편적이라고 생각하며, 타 집단을 경멸스럽고 열등하게 보는"[23] 자문화중심주의에 빠지는 일은 기독교적인 관점에서는 문제지만 자연스러운 현상이기도 하다. 사도행전에서 드러난 핵심 갈등 중 하나는, 예수를 따르기 원하는 이방인이라면 '더 우월한' 유대인의 문화에 맞추어야 한다고 믿는 이들과 바울이 서신에서 계속 되풀이한 것처럼 하나님은 차별하지 않으시기 때문에 우리 또한 그러면 안 된다고(행 15:8-9) 주장하던 이들 간의 갈등이었다. 하나의 문화가 다른 문화보다 더 우월하다고 보는 관점은 도움이 되지 않지만, 두 문화가 어떻게 다른지 이해하는 일은 매우 중요하다.

다른 문화의 가치를 존중하는 한 방법은 실용적인 관점에서 바라보는 것이다. 작가 폰스 트롬페나스는 문화란 환경적, 시간적, 관계적인 문제를 만나 해결책을 찾는 과정에서 발생하는 결과물이라고 정의한다.[24] 몇몇 사회에서 '적합한' 문화적인 원칙과 행동이 다른 사회에서는 적합하지 않을 수 있다. 난민이나 그들과 교류하는 사람들이 서로의 사회적인 기준이나 기대치에서 나타나는 문화적인 차이를 빨리 이해하지 못한다면 갈등이 일어난다. 특히 난민들은 이러한 문제가 발생해 자립에 또 다른 장애물을 만나기 전에, 그들의 직장, 재정착 지원 단체 혹은 자원봉사자와 문화적인 오해를 어떻게 극복해야 하는지를 알아야 한다. 사미르의 경우, 분노를 표출하지 않고 꾹 누르고 있는 사람 혹은 공격적인 사람으로 오해받지 않으려면 어떻게 소통하고 갈등을 풀지를 배워야 했다.

문화, 소통 그리고 갈등 해소 방식들

각각의 문화에는 특유의 소통 방식과 갈등 해결 방식이 있다. 갈등을 해소할 때, 개인주의적인 북미 문화권에서는 대부분 직접적인

'대화 방식'을 선호한다.[25] 이들은 시간에 높은 가치를 두기에, 교훈적인 우화나 이야기보다는 짧은 문장의 직접적인 소통을 선호한다. 감정이 끼어드는 일은 방해가 되고 부적절하다고 여긴다. 개인주의적인 문화권에서는 중재자나 제3자 없이 당사자 둘이 문제를 직접 해결하는 것이 옳다고 믿는 경향이 있다.

반대로, 주로 집단주의적인 문화권에서 오는 난민들은 대개 갈등 해결에서 간접적인 방식을 선호한다. 난민 가운데 가장 흔한 두 가지 갈등 해결 방식은, 아시아에서 오는 이들의 '수동적인'(accommodation, 행동으로 간접적이고 감정으로도 절제된) 방식과 중동에서 오는 이들의 '역동적인'(dynamic, 행동으로 간접적이고 감정으로는 표현적인) 방식이 있다.[26] 이 두 방식은 오해를 해소하는 과정에서 갈등을 잘 통제하고 당사자의 마음이 상하는 것을 최소화하기 위해 중재자의 역할을 중요시한다.

이러한 문화권에서 간접적인 방식을 선호하는 한 가지 이유는, '체면'이라는 문화적 가치를 중요시하기 때문이다. 이러한 문화권에서는 공개적으로 부끄러움을 당하는 상황만은 피하고자 온갖 노력을 기울인다.

사미르와 스티브(그의 미국인 상사) 사이의 전화 통화를 들어보자.

> 스티브: 마감일에 맞추어 주문을 끝내놓아야 해요. 이번 주 일요일에 일하러 나오세요.

사미르: [잠시 멈춘 뒤] 그렇군요. 하지만 이번 주 일요일은 제게 특별한 날입니다. 제 아들 위쌈의 생일이거든요.
스티브: 축하해요. 매우 특별한 날이 되길 바라요.
사미르: 감사합니다.

대화가 끝나고, 서구권 사람인 스티브는 사미르가 일요일에 일하러 나올 것으로 생각한 반면, 사미르는 스티브가 자신이 일요일에 왜 못 나오는지 이해했다고 여겼다. 문제 해결과 소통 방식에서 이러한 차이는 난민과 또한 이들과 교류하는 사람 사이에 혼란과 오해를 불러일으킬 수 있다.

난민이 문화에 적응하는 과정

재정착한 모든 난민은 위험을 피해 안전한 나라에 온 것에 감사하지만, 그들이 타국의 문화에 적응하는 여정은 결코 바로바로, 수월하게 진행되지 않는다. 재정착 난민들은 일반적으로 롤러코스터와 같은 재정착 과정 4단계를 거친다. 1) 밀월 단계, 2) 문화충격 단계, 3) 적응 단계, 4) 숙달 단계.[27]

밀월 단계에서 난민은 무척 행복해하며 모든 것을 다 받아들인다. 마침내 안전한 곳에서 가족과 함께 시간을 보내면서 오랜만에 행복을 느낀다. 이 단계에서 난민들은 자원봉사자와 지역사회의 도움과 관심에 어리둥절한 상태이다. 쇼핑은 흥미롭고, 음식은 풍부하고, 거리는 깨끗하다.

몇 개월이 지나면 현실이 삶에 스며들기 시작한다. 영어를 배우는 것은 생각보다 쉽지 않다. 새로 온 나라에서 이전의 전문 기술이나 학위는 활용되지 못한다. 육체적으로 힘든 초보적인 일만 구할 수 있다. 의료보험 제도는 복잡하고 접근이 어렵다. 월세와 다른 청구서는 감당하기 버겁다. 이러한 문화충격 단계에서, 난민은 이곳에서의 삶도 수월하지 않다는 것을 깨닫는다. 어떤 이들은 향수병이 나고, 심지어 이 나라에 재정착한 것이 옳은 결정이었는지 자문하기도 한다. 몇몇은 포기하고 싶기도 하다.

하지만 시간이 흐르면 난민들은 다시 정상 상태를 회복한다. 눈칫밥으로 사회도 읽을 수 있고, 영어로 소통하는 데 자신감이 붙으며, 실수를 웃음으로 넘길 여유도 생긴다. 적응 단계는 현실적으로 살아가는 방법을 터득하는 과정이다.

마지막 단계인 숙달 단계는 난민이 여러 기능을 습득하고 배우면서 스스로 자신의 능력을 믿는 단계이다. 여기에는 어느 정도 본인의 삶을 다스리는 능력이 요구된다. 난민은 재정착한 곳을 비로소 집으로 느낀다. 새로 정착한 곳의 문화를 이해하고 통합하기 시작한다.

모든 난민이 네 단계를 전부 거치는 것은 아니며, 같은 속도로 경험하는 것 또한 아니다. 적응 기간에 난민을 돕고 싶다면, 이것은 감정이 동반되는 과정이며 사람마다 각기 배우는 속도가 달라 때론 뒤처질 수도, 때론 앞서 갈 수도 있음을 숙지하는 것이 중요하다.

난민의 가정 환경도 중요하다

적응은 단지 개인적으로만 이루어지는 것은 아니다. 난민 가정은 적응 과정을 하나 됨으로 헤쳐 나가야 한다. 일반적인 환경에서는 가족이 결단해야 하거나 자녀 양육에 필요할 때마다 부모(많은 문화권에서는 특히 아버지)가 책임을 지는 게 기본이다.

하지만 난민 가정이 정착할 때는, 학교에 다니며 주류 문화에 더 많이 노출되는 미성년자가 부모보다 언어와 문화에 더 빨리 익숙해진다. 부모는 빠르게 적응하는 자녀를 의지할 수밖에 없으며 결과적으로 미성년자는 가정에서 더 큰 힘을 갖게 된다. 난민 부모들은 청구서를 이해하거나 중요한 전화를 통역하는 데 아이의 도움이 필요하기에, 더 이상 아이를 혼내지 못한다고 고백한다. 심리학자들은 이러한 현상을 '역할 전환'(role reversal)[28]이라고 부른다. 많은 난민이 가정에서의 역할이 분명하게 구분되고 자녀가 부모의 권위를 존중해야 하는 문화권에서 오기 때문에, 이들에게는 이런 전환이 매우 큰 어려움이 될 수 있다.

결혼 생활 또한 문화적인 적응을 하는 과정에서 긴장 관계로 바뀔 수 있다. 특히 미국의 주류 문화와 비교했을 때 자신의 문화에서 성 역할을 보는 관점이 다를수록 말이다. 예를 들어, 일반적으로 많은 문화권에서 결혼한 여성은 집 밖에서 일하지 않는다. 하지만 미국에서는 여성 대부분이 밖에서 일하며, 사실 가정이 재정적으로 한 사람의 수입으로는 지탱하기가 어렵기에 그렇게 하는 경우가 많다.

때로는 시간이 흐르며 이러한 상황들이 효과적으로 조정되기도 하지만, 우리는 이러한 어려움에 대해 이곳 문화는 어떻게 이야기하는지 설명하거나, 상담과 예비 교육을 시행하면서 난민에게 도움을 줄 수 있다. 선생님, 자원봉사자 그리고 아이들에게 영향을 주는 위치에 있는 사람은 부모님과 함께 그분들의 문화를 존중해야 한다고 가르칠 수 있다.

최고의 치유 경험은 관계를 통해 온다

난민이 새롭게 정착한 나라에서 적응하고 번영하려면 긴 여정이 필요하다. 도착하기 전에 학대당하고 배신당한 경험이 있고, 다시 상처받는 것을 두려워하기 때문에 일부는 남을 쉽게 신뢰하지 못한다. 인간에게 가장 깊은 상처는 관계로 인한 상처이며, 난민 또한 예외가 아니다. 나(이쌤)는 심리치료자로서 관계의 상처는 오직 관계로만 치유될 수 있으며, 이는 하나님과 다른 사람들과 건강한 관계를 쌓아가며 가능하다고 믿는다.

개인적으로 난민 가정에게는 그들과 동행하며 새로운 삶의 여정을 이끌어 주는 미국인 가정을 알아가는 것보다 더 나은 치유 경험은 없다고 본다. 거절과 편협함과 수치와 불명예가 아닌, 사랑과 인내와 존중과 환영으로 난민을 대할 때, 과거의 상처들은 치유받고 스스로 친절과 존엄으로 대접받을 만한 가치가 있는 존재임을 그들도 배운다.[29]

하지만 마찬가지로, 만일 미국인 자원봉사자가 약속을 어기거나 난민의 신뢰를 악용하는 행동을 보인다면, 난민에게 '역시 사람은 신뢰할 수 없다'는 사실을 상기하게 만들고 이들의 적응 과정을 크게 지연시킬 수 있다. 난민들은 건강한 관계들을 통해 상대를 신뢰하는 법을 다시 배우며, 세상을 안전한 곳으로 바라볼 수 있다. 또한 스스로를 귀하게 여기는 법 또한 배운다.

온정주의와 의존성 예방하기

마지막으로 중요한 부분이 있다. 난민을 잘 도우려면, 우리의 최종 목표가 그들이 자립하여 외부 도움 없이 스스로 필요를 해결할 수 있도록 하는 것임을 늘 기억해야 한다. 비록 건강상의 문제나 나이 때문에 모두가 이 목표에 이르지는 못할지라도, 대부분은 이것이 가능하다. 따라서 자원봉사자와 재정착 지원 단체 직원은 그들이 도움을 주는 난민과의 관계를 정기적으로 점검하면서, 개개인이 새로운 환경에서 독립적으로 살아가는 데에 필요한 능력을 제대로 기르고 있는지 확인할 필요가 있다. 자원봉사자는 '돕는 이'에서 상호적인 관계에서 만나는 친구로 천천히 전환해가야 한다.

자원봉사자 혹은 난민을 섬기는 이들은 또한 온정주의의 함정에 빠지지 않도록 경계해야 한다. 난민 스스로 할 수 있는 결정을 자원봉사자나 서비스 제공자가 대신해주면 이런 일이 많이 발생한다. 본인이 난민을 대신해 그렇게 하는 것이 난민을 위해 더 좋거나 덜 위험하다는 생각에 그런 온정주의에 빠진다. 물론 취약한 이들에게 보호가 필요하다는 사실을 상기하는 것은 좋지만, 그들 스스로 결정하도록 허락하고 격려할 때 난민들은 더 빨리 그리고 더 건전하게 정착할 수 있다.

난민의 멘토가 되다

난민은 정착한 후에도 완전한 적응까지는 오랜 시간이 걸린다. 다행히도 이들 대부분은 강인하다. 올바른 지도와 방향이 있으면 재정착한 나라에서 성공적으로 살아갈 수 있다. 난민을 받아들인 지역사회의 자원봉사자, 교회 그리고 주민들은 난민이 만날 수 있는 특별한 어려움을 잘 이해하여 본의 아니게 해를 더하지 않고 정착에 중요한 도움을 주는 역할을 감당해야 한다.

사미르와 그의 가족은 이 여정에서 여러 걸림돌을 만났다. 하지만 이들은 시간이 흐르면서 지역사회의 여러 도움으로 결국 난민이 성공적으로 적응할 수 있음을 보여 주는 모범 사례가 되었다. 사미르의 트라우마 증상은 치료를 통해 상당히 완화되었다. 몸 또한 치료로 회복하여 걸을 때 더 이상 목발이 필요 없었다. 사미르와 아내는 새 자녀를 얻었으며, 위쌈은 학교에 잘 적응해 다니고 있다. 영어 수업도 몇 년간 받으며, 현재는 사미르 부부 둘 다 편하게 영어를 구사한다.

2년 전 사미르는 직장을 관두고 개인택시를 시작했다. 현재 그는 3대의 택시를 소유하여 난민들을 운전기사로 고용한다. 그는 또한 지역 전문대학에서 야간에 컴퓨터공학 수업을 듣고, 월드릴리프의 공식 행사에서는 자기 이야기를 들려주며 우리 일을 돕는다. 사미르가 처음 왔을 때는 도움과 치유가 필요했고, 계속해서 PTSD 증상을 경험했지만, 현재 그는 남을 도울 수 있게 된 것에 기뻐한다. 지역사회에서 난민이 겪게 될 특별한 어려움을 이해할 때, 주민들은 이들의 삶이 활짝 피어나도록 도울 수 있다.

9. 난민이 발생하는 더 큰 맥락에 대응하기

◆

　　우리가 난민을 지역사회의 구성원으로 환영할 때, 이방인을 환대하고 이웃을 사랑하라는 하나님의 명령을 따르는 것이다. 난민 문제가 발생하면 서구 언론은 주로 미국이나 캐나다에 재정착하게 될 이들, 혹은 유럽에 망명 신청하는 이들에게 관심을 갖지만, 현실을 보면 오늘날 약 6천만 명의 강제 이주민 중에 소수만이 서구 사회에까지 발이 닿는 상황이다. 거의 대다수는 중동, 아프리카, 아시아에 남는다.[1] 이러한 국제적인 난민 위기 속에서 교회는 가장 영향을 받는 국가들의 지역교회와 구호 활동을 돕는 데 우선순위를 둬야 한다.

　　하지만 우리가 이웃을 온전히 사랑하려면 왜 이들이 강제적으로 이주할 수밖에 없는가 하는 질문과도 씨름해야 한다. 이들이 정든 고향을 떠나야 했던 끔찍한 현실에 대해 알게 되면, 자연스럽게 우리는 비슷한 종류의 핍박이 다른 곳에서 반복되어 난민이 재생산되는 일 자체를 막을 수는 없는지 알고 싶을 것이다. 부모와 자녀와 모든 가정이 강제 이주와 연관된 위험에서 안전한 세상을 꿈꾸다 보면 이런 일이 발생하는 근본 원인을 더욱 숙고하게 된다. 왜 사람들은 집과 고향을 등진 채 도망쳐야만 하는가? 강제 이주의 물결을 어떻게 끊어 내는가? 교회는 어떻게 효과적으로 대응할 수 있는가? 이러한 깊은 질문은 위험 상황과 이후의 긴급한 필요에 대해 우리가 어떻게 대응해야 할지 알려 줄 뿐 아니라, 계속 발생하는 강제 이주를 어떻게 예방할 수 있는가를 고민하게 한다.

끊임없이 질문하라

우리는 종종 전쟁, 대학살 혹은 자연재해가 이주의 원인이라고 생각하지만, 사실 이보다 더 근본적인 이유가 있다.[2] 정치적인 탄압 혹은 자연재해는 인구 대량 이동을 일으키는 원인이긴 하지만, 거기에 동력을 제공하는 것은 그 밑에 깔린 구조적인 요인들이다.[3] 이러한 압박 요인이 쌓이면서 임계점에 도달하면 우리가 뉴스에서 보는 일이 일어나는 것이다. 수년간 생활 깊숙이 자리 잡은 가난, 정부의 불의한 정책 혹은 환경 문제 등이 근본 원인이 될 수 있다.

'왜'라는 질문은 해결해야 할 근본 문제를 찾아내는 데에 도움이 된다. 2010년에 아이티에 일어난 대량 인명 피해, 파괴, 이주의 직접적인 계기는 지진이었다. 하지만 왜 그렇게 많은—보수적으로 잡으면 적어도 12만 명[4]이고, 최대 31만 6천 명[5]까지— 사망자가 발생했는가? 리히터 7.1 규모로 같은 강도의 지진이 2016년 1월 24일 알래스카주 앵커리지에 발생했지만, 당신은 지진이 났는지도 들어보지 못했을 것이다. 사망자는 발생하지 않았고, 그저 집 네 채만 파손된 정도였다.[6] 왜 그랬을까? 한 가지 이유는 포르토프랭스의 많은 콘크리트 건물이 안전 기준을 제대로 맞추지 않았고, 아이티의 건축 법규를 어긴 구조물이었기 때문이다. 그러면 기준은 왜 제대로 지켜지지 않았는가? 많은 건축업자가 이익을 위해 중간에서 원자재를 빼돌렸기 때문이다.

그렇다면 부정부패야말로 지진을 계기로 발생한 2010년 아이티 위기 상황의 근본 원인 중 하나로 꼽을 수 있다. 조금 더 깊이 들여다보면, 우리는 취약한 사람들이 더 많이 이용당했다는 사실을 알 수 있으며, 이는 '소외된 사회에 대한 불평등과 부당함'이라는 근본 원인과 연결되어 있음을 본다.

오늘날 세계 난민의 운명을 좌우하는 직접적인 원인은 전쟁과 분쟁으로 보인다. 가령 최근에 시리아, 이라크, 콩고민주공화국, 남수단, 소말리아, 아프가니스탄, 우크라이나에서는 전쟁으로 대량 이주가 발생했다. 하지만 조금 더 깊이 들여다보면, 일반적으로 분쟁이 발생하는 이유로는 지속적인 박해, 지독한 가난, 폭정, 부정부패 혹은 다른 근본 원인이 있다.[7]

좋은 쪽으로의 변화도 가능하다

이 문제를 깊이 탐구해보면, 이러한 취약성은 특정한 가치관, 신념 그리고 세계관에 뿌리를 두고 있으며, 우리는 그리스도인으로서 각각을 변화시켜 더 나은 결과를 끌어낼 수 있다고 믿는다. 월드릴리프에서는 나무 비유를 사용해 어떻게 이러한 현실이 궁극적으로 변화될 수 있는지를 상상한다.

강제 이주, 가난, 분쟁의 영향을 해결하려면 반드시 보이는 행동에 영향을 주는 사회적인 가치들을 포함해 정치적, 사회적 갈등을 유발하는 가치관을 집중적으로 살펴보아야 한다. 예를 들어, 이 사회는 인종, 여성, 아이들에 대해 어떻게 생각하는가? 우리는 특정 집단이 단지 인종, 성별, 나이, 종교 때문에 소외되고 착취당하고 억압받은 사연을 듣는다.

한 사회의 도덕관에 영향을 미치는 것은 무엇인가? 인류학자 폴 히버트가 말한 것처럼 "인간이 만든 실제 본질에 관한 가정(假定)과 틀"[8]인 세계관이다. 단순하게 '신념'으로 언급되기도 하는 세계관은, 세대를 거쳐 문화와 전통의 형태로 전해져 내려오는 사상—의식적인 부분과 함께, 감정과 기분에 영향받는 무의식적인 부분도 포함한다—으로 이루어져 있다. 여기에는 가정, 신의 존재나 성품(선한지 변덕스러운지), 삶의 목적 등이 포함된다.

변화의 나무

사람들이 무엇을 믿고 어디에 가치를 두는지는 그들의 행동에 좋은 방향이든 나쁜 방향이든 영향을 끼친다. 우리는 행동과 가치관과 신념 사이의 상호작용을 잘 이해하면서 어떻게 하면 효과적으로 여러 문화에서 긍정적인 변화를 끌어낼 수 있을지를 고민해야 한다. 가치관과 신념 수준의 변화 없이 단지 표면적인 결과만 바뀌는 변화는 대부분 오래가지 못한다. 어떠한 사태의 계기가 된 근본 원인은 사태가 끝난 후에도 오랫동안 지속하여 여러 사람, 집단, 심지어 사회나 국가까지 추후에 발생하는 재난에 취약한 상태로 방치된다.

우리와 일하는 동료 사메디 소크(Samedy Sok)의 사례는 위험한 신념 체계 하나가 죽음과 강제 이주라는 열매를 맺는 것을 보여 주면서도, 동시에 변화 또한 가능하다는 희망을 준다.

사메디가 청소년기를 보내던 1975년, 공산 독재자 폴 포트가 캄보디아에서 권력을 얻었다. 무신론적인 신념 체계에 기반해 사람의 생명에 가치를 두지 않은 계급 없는 '농업 공산주의' 사회라는 비전으로 폴 포트는 자신이 이끌던 크메르 루주 게릴라군과 함께 캄보디아를 국제 사회로부터 철저히 고립시켰다. 정권은 모든 사유 재산을 몰수하고, 종교를 금지하고, 통화를 폐지했으며, 수십만 명—사메디와 그의 가족을 포함—을 도시에서 시골의 노동 수용소로 몰아넣었다. 많은 사람이 가는 도중에 사망했다. 그리고 더 많은 사람이 수년간에 걸쳐 실패한 정책에 따른 기근으로 굶어 죽었고, 또한 사메디 가족과 같은 많은 이들이 '지식인'으로 몰려 처형되고 집단으로 매장당했다. 1975년부터 1979년 사이, 불과 4년 동안 약 170만 명의 캄보디아인이 20세기의 가장 참혹한 대학살 중 하나인 이 사건으로 목숨을 잃었다.[9]

1975년에는 총부리로 위협당해 집에서 쫓겨났고, 1년 후 사메디 가족은 서로 갈라졌다. 몇 년 후, 사메디의 어머니, 두 자매 그리고 형제는 모두 처형당했다. 그는 남은 세 명의 자매 중 둘을 돌보았지만, 그들은 다시 헤어졌다.

감옥에 던져진 사메디는 사슬에 묶여 지냈다. 당시 그리스도인은 아니었지만, 사메디는 매일 밤, 해를 다시 볼 수 있기를 기도했다. 수감자들은 밤에 처형되었기 때문이다. 어느 날 밤, 흰옷을 입은 예수님이 그에게 나타나 여기서 살아 나갈 것이니 희망을 품으라고 말씀하셨다(다음 날 아침 같은 방 수감자에게 이 이야기를 했을 때, 그는 사메디가 헛것을 본 것이라고 했다).

1979년 베트남이 캄보디아를 침공했을 때 사메디는 감옥에서 풀려났다. 가족을 찾기 위해 고향으로 돌아갔지만, 실패하자 캄보디아의 여러 캠프를 돌아다니며 가족을 수소문하고 다녔다. 하지만 가족의 행방을 알거나 본 사람은 아무도 없었다. 그는 태국 국경까지 갔고, 그곳에서 난민이 되었다. 캠프로 온 지 얼마 안 되어 그는 유엔난민기구에 자원하여 난민 등록 일을 했다. 하루는 마르고 노쇠한 한 남성이 난민으로 등록하러 왔다. 사메디는 자기 아버지를 마주했음에도 수년간의 기근과 학대로 얼굴이 많이 변하여 그를 곧바로 알아보지 못했다. 마침내 가족과 상봉하여 사메디는 뛸 듯이 기뻤고, 이윽고 그의 세 자매도 살아 있다는 소식을 들었다.

폴 포트와 크메르 루주의 세계관이 어떻게 그들을 특정한 행동(노동 수용소, 감금, 처형)을 하도록 이끌었고, 이로 인해 결과적으로 온 나라에 어떠한 재앙이 왔는지 연결하는 것은 어렵지 않다. 하지만 사메디의 이야기는 또한 긍정적인 신념 체계가 어떻게 사람들을 변화로 이끌 수 있는지를 보여 준다. 태국의 카오이당(Khao-I-Dang) 난민 캠프에서 사메디는 그리스도인이 되었다. 1982년 미국에 도착한 그를 필라델피아의 한 루터교 교회가 환영해주었다. 사메디가 갖게 된 믿음과 지금까지의 경험으로 그는 다른 난민을 환영하고 섬기는 일을 하게 되었다. 처음에는 루터교이민난민서비스와 연계하여 일했고, 나중에는 메릴랜드주의 월드릴리프 앤 어런델지부의 지부장으로 섬겼다. 예수님과 맺은 관계로 사메디의 삶은 변화되었고, 그렇게 새로 다져진 기반은 그의 행동에 영향을 미쳤으며, 결과적으로 다른 많은 이들의 삶에서 열매를 맺었다.

물론 우리가 모두 독재자를 타도할 수 있는 상황은 아니다. 하지만 적어도 우리는 모두 지역사회 및 교회와 협력하여 예수님이 가르치신 가치관에 따른 세계관을 전하기 위해 힘쓸 수 있으며, 각자의 삶에서 이런 일을 시작해야 한다. 우리는 평화를 갈구하고, 용서를 실천하며, 환대를 베풀고, 정의를 추구할 수 있다. 사메디의 이야기는 이러한 가치들이 우리의 삶과 지역사회를 빚어 갈 때 장기적으로 어떠한 일이 가능한가를 보여 주는 간증이다.

불의의 악순환을 끊어라

우리는 사람들을 위험에 빠뜨리는 근본적인 상황에서 변화를 추구하는 사람들이며, 그러므로 불의가 미치는 영향에 대해 충분히 이해해야 한다. 위험 사태로 일어나는 이주, 끊임없는 가난, 사회적인 갈

등, 정치적인 억압은 한 사람의 자존감과 존엄성에 파괴적인 영향을 미친다. 소외된 사람들은 '가난'을 정의하면서 부끄러움, 열등감, 무기력감, 수치심, 두려움, 절망과 같은 사회적·심리적인 언어를 주로 사용한다.[10] 몰도바의 한 여인의 말을 빌리자면, 가난은 '통증'이다. "마치 질병에 걸린 것같이 … 한 사람의 존엄성을 갉아먹으며 완전한 절망으로 몰아" 간다.[11]

강제 이주로 발생하는 심리적인 여파는 사람의 존엄성을 파괴한다. 이러한 부정적인 여파로 몇몇은 자신이 하나님의 사랑으로부터 끊어졌거나 아예 버려졌다고 믿는다. 작가 브라이언트 마이어스는 "일생을 고통과 기만과 소외에 시달린 개인은 이러한 일들이 내재화되어 더 이상 그들이 진정 누구인지 혹은 왜 세상에 존재하는지를 완전히 잊어버린다"라고 말했다.[12]

불의는 복잡하고 겹겹이 이루어진 구조로 절정을 이룬다. 강제 이주민에게는 무수히 많은 원인—질병, 배고픔, 가난, 폭력—이 한 번에 겹쳐 극심한 무력감을 타고 하향 곡선으로 사람을 몰고 간다. 많은 경우 이 폭력과 가난의 하향 곡선은 가족이 강제로 집을 떠나는 상황을 만나기 훨씬 전부터 시작되어, 어떠한 계기나 임계점을 만나 폭발한다. 어떨 때는 집에 머무를 때 생기는 위험도가 탈출에 따른 위험도보다 더 높다.

일단 집을 떠나지만, 대부분 예상치 못한 위험과 마주한다. 그들은 새로운 폭력과 가난에 노출된다. 일례로 레바논으로 피신한 시리

아인 중 6분의 1은 극심한 가난에 시달린다.[13]

또한 난민은 인신매매의 위험에 훨씬 더 광범위하게 노출된다. 기회를 엿보는 인신매매범들은 난민을 노리다가 남자, 여자, 아이 할 것 없이 강제 노역, 성 노예, 군인으로 징집해간다. 분쟁으로 난민과 강제 이주민이 된 이들—특히 여성과 소녀들—은 특별히 성적인 폭력에 취약하게 노출되어 있다. 강간 범죄율이 전 세계에서 가장 높으며 매시간 약 50명의 여성이 강간당하는 콩고민주공화국에서 강간은 '전쟁 무기'로 쓰인다.[14] 반군은 강간을 "총알보다 싸다"고 묘사한다.[15] 2년간 군인으로 복무한 16세 소년은, "여자를 강간할 수 있는 것은 우리 권리"[16]라고 말했다.

여성과 어린이들이 삶의 기본적인 요소인 주거지, 음식, 안전을 자신의 몸과 맞바꾸도록 내몰리는 일("살아남기 위한 성관계") 또한 인도주의적인 위기가 발생한 지역에서 흔하게 일어난다. 이들을 보호하는 것이 주 임무인 정부군 혹은 국제기관마저 난민을 상대로 악한 일을 저지른다. 저자 니콜라스 크리스토프와 셰릴 우던은 이러한 끔찍한 문제는 강간당하거나 성폭력을 당한 여성을 낙인 찍는 문화로 더 악화된다고 지적한다. 이들은 "사회적으로 고립되고, 따돌림받으며, 심지어는 전통적인 명예를 지킨다는 명분 아래 가족이나 사회로부터 또 다른 폭력의 위험에 노출되기도 한다."[17]

이주와 폭력과 가난이 맞물리며 일으키는 소용돌이는 이들을 불의의 하향 곡선으로 끌어내린다. 우리는 이 소용돌이를 일으키는 원인과 결과에 대해 동시에 씨름해야 한다. 정의를 위한 성경적인 부르심이 있는 교회는 이 일에서 막중한 역할을 부여받은 셈이다.

정의와 공의: 증인의 행동 원칙

정의를 향한 성경적인 비전은 예수 그리스도의 인격과 희생적인 사랑에 기초하며, 복음의 핵심과 별도로 생각할 수 없다. 성경을 통해 우리는 정의를 사랑하고, 정의를 명령하며, 어려운 자들에게 정의를 행하시는 하나님을 만난다(시 33:5; 미 6:8; 슥 7:9). 가장 중요한 것은, 성경의 명령은 단지 불의에 대응하는 수준이 아니라, 불의를 멈추고 하향 곡선을 뒤집는 길을 제시하고 있다는 것이다.

구약은 '의'를 뜻하는 단어로 두 단어를 대표적으로 사용한다. 첫 번째는 '미쉬팟'(mishpat)인데, '심판을 베푼다' 또는 '사람들이 마땅히 받아야 할 것을 준다'는 의미가 있고, 이따금 '정의를 바로잡다'라는 뜻으로 쓰인다. 두 번째는 '쩨다카'(tsedaqa)로써 '올바름', 특히 '올바른 관계'를 뜻하고, '가장 우선되는 의'로 불린다. 이 두 단어는 성경에서 주로 "정의와 공의"로 함께 짝지어 나타난다.

함께 보면, '미쉬팟'과 '쩨다카'는 중요하지만 자주 간과되는 관점인 정의의 '관계적인 측면'을 나타낸다. 하나님과 그의 백성 사이의 언약을 언급할 때 이 둘은 '하나님의 행동'을 가리키고, 사회적인 관계에서 언급할 때는 하나님을 따르는 '백성의 행동'을 뜻한다. 이는 구약과 신약의 핵심이 사랑임을 생각할 때 그리 놀랍지 않다. "너는 마음을 다하고 뜻을 다하고 힘을 다하여 네 하나님 여호와를 사랑하라"(신 6:5; 마 22:37). "네 이웃 사랑하기를 네 자신과 같이 사랑하라"(레 19:18; 마 22:39).[18]

그 온전한 뜻으로 보면, 정의란 올바른 관계, 즉 잘 작동하는 관계를 의미한다. 반면 불의란 잘 작동하지 않는 관계이다. 철학자 니콜라스 월터스토프가 "취약 계층 4인방"[19]이라 부른 고아와 과부와 (난민을 포함한) 이주민과 가난한 자에 대한 공의는, 하나님께서 특히 중요하게 여기시는 일이다.[20] 불의는 이러한 사람들이 소외되고, 억압되고, 착취당할 때 발생한다. 반면 공의는 이들이 포함될 때 성취된다.

전쟁, 억압, 배고픔은 주로 망가진 관계에 따른 증상이다. 엉망이 된 관계, 너무 오랫동안 무시된 관계 혹은 순전히 해로운 관계(사람 사이, 마을 사이, 정부 사이, 서구사회와 제3세계 사이)는 사람을 고통으로 이끌며, 때론 깊숙이 자리 잡은 악의 행동 양식으로 인도한다.

고통의 문제를 관계적으로 접근해보면 문제를 대하는 우리의 반응은 놀랍게 달라진다. 그저 기부금이나 원조를 제공하는 것을 넘어, 우리는 지역사회 안에서 관계를 회복하고 강화하는 데에 힘써야 하며, 특히 취약 계층과 힘 있는 자들 사이, 지역교회와 모든 인종 사이, 심지어는 국민과 국가 사이의 관계도 여기에 포함해야 한다. 동정심으로 이러한 목적을 추구할 수도 있겠지만, 성경적인 공의를 이루는 방향으로 하는 것이 더 나은 방법이다. 지속 가능한 변화는 오로지 사랑과 존중의 관계에서 얻어지며, 오늘날 전 세계에서 많은 사람이 고향으로부터 피신하게 한 근본적인 원인에 영향을 줄 수 있다.

우리가 관계 속에서 공의롭게 살아갈 때 예수 그리스도의 증인이 되며 변화를 가져온다. 이웃에서 이웃으로, 부족에서 부족으로, 부자에서 가난한 자로, 정부에서 국민으로, 하나님에게서 그의 백성으로, 그의 백성에서 창조세계로…. 이러한 관계들이 조각되어 서로 알맞게 맞춰질 때, 더 나은 사회가 되는 근본적인 변화를 가능하게 하는 희망의 모자이크가 완성된다. 여기에 있는 지역교회가 끔찍한 불의의 현장에 있는 교회와 자원과 생각을 공유하며 연대하여 일할 때 큰 변화를 가져올 수 있다.

예를 들어, 몇 년 전 인디애나주의 한 목사는 친구인 콩고민주공화국의 마르셀 목사와 협력하여, 이 나라를 몇십 년간 불의로 병들게 했던 갈등의 근본 원인과 어떻게 싸울 수 있을지 알아보기로 했다. 그들은 수련회를 계획해 지역 목회자들을 초청했고, 그곳에서 그동안 교인들과 지역사회 사이에 평화를 위한 그들의 노력이 부족했음을 서로 시인하고 용서했다. 이들은 무언가 다른 방법을 함께 강구하기로 다짐했다.

그 후 수개월 동안 목사들은 교회 안에 '마을평화위원회'를 꾸려

지역사회의 갈등을 조정할 수 있도록 했다. 그동안은 지역에서 대인 관계에 불화가 생기면 복수심에 사로잡힌 폭력으로 번져, 이 중 몇몇은 결국 도망갈 수밖에 없는 상황으로 치달았다. 하지만 지역교회가 평화의 중재 역할을 하게 된 뒤, 많은 갈등이 폭력으로 번지기 전에 해결되었다.

관계를 우선순위에 두는 것은 항상 옳은 일이지만, 많은 대가를 요구하는 일이기도 하다. 요르단의 에브라임 목사가 시리아 난민 아이들과 엄마들을 위해 그의 교회를 오픈하겠다는 결단을 했을 때, 많은 요르단인 교인은 교회를 떠났다. 동네 아이들은 시리아 아이들이 생활 기술을 배우고 트라우마 극복 활동에 참여하려고 교회로 가는 동안 놀려 댔다. 하지만 에브라임은 현재 교회가 어떻게 더 나은 방향으로 변했는지 이야기한다. 그는 교인들에게 "예수님의 교훈은 원수를 사랑하라는 것이었습니다"라고 말했다. 처음에 이들을 향한 적개심이 어떠했는지 아는 그에게 전혀 예상하지 못했던 일이 벌어졌다. 그의 회중이 결국 시리아인들과 친구가 된 것이다.

세상의 문제들을, 원조와 재정 지원과 프로그램이 필요한 일로 보지 않고 관계를 바꾸어야 하는 과제로 재구성하여 접근한다고 해서 기술적인 전문성을 소홀히 해도 된다는 뜻은 아니다. 자원의 필요가 없어지는 것은 더더욱 아니다. 실로 에브라임 목사가 교회 안에서 시리아 난민 아이들을 위한 안전한 공간을 제공할 수 있었던 이유는 에브라임의 교회와 같은 지역교회들이 양질의 서비스를 제공할 수 있도록 훈련하고 준비시키는 사역에 지구 반대편 사람들이 헌신적으로 재정 후원을 했기 때문이었다.

성공 사례들을 눈여겨 보면서 성경적인 공의의 관점에서 관계 회복을 강조하는 일. 이 둘을 함께 실행한다면 우리는 사람과 공동체에 일어나는 항구적인 변화를 볼 수 있다. 그런 변화는 전체 사회를 달라지게 하며, 그 과정 중에 우리 또한 바꾸는 힘이 있다.

포기하지 않으면 거두리라

난민이 고국을 떠나야 하는 복잡하고 폭력적인 현실은 이 세상에 끔찍한 악이 존재함을 증거하지만, 그 와중에서 난민이 헤쳐나오는 이야기들은 변화와 치유와 정의 또한 가능하다는 증거이기도 하다.[21] 우리 사회로 난민을 환영하는 일뿐만 아니라, 더 큰 맥락에서 난민들이 도망칠 수밖에 없었던 근본적인 불의를 대면하는 일에, 성경은 "포기하지 아니하면 때가 이르매 거두리라"(갈 6:9)라는 약속으로 우리에게 인내하라고 도전한다.

사메디의 이야기는 놀라운 예가 된다. 미국에서 난민을 섬긴 지 수십 년이 지난 2015년, 사메디와 아내 소바나로스는 하나님이 그들에게 캄보디아로 돌아가라고 하신다고 느꼈다. 현재 사메디는 그곳에서 월드릴리프 캄보디아지부를 총괄하고 있다.

캄보디아 인구의 오직 2퍼센트만이 그리스도인이지만,[22] 사메디와 동료들은 600여 개의 작은 셀 교회 네트워크를 통해 아동 교육과 위생 프로그램을 운영하고, 청소년에게 성경을 가르쳐 에이즈 확산을 막는 노력을 하며, 인신매매의 위험에 노출된 지역사회에 교육을 제공하고, 부모들이 가정을 잘 먹여 살리고 학교와 의약품 그리고 예기치 않은 비용에 대비한 수입을 마련할 수 있도록 농사짓는 법과 저축에 관한 훈련을 돕는다. 캄보디아인의 실질적인 필요를 채우고 이들을 예수께로 이끌 기회도 얻으면서 지역교회는 성장하고 있다. 40년 전, 그의 가족을 다 앗아가 버린 끔찍한 폭력을 막을 수 있도록 이 나라에 새로운 믿음과 가치가 스며들기를 사메디는 기도한다.

국제적인 난민 위기 사태는 말 그대로 국제적이다. 이것은, 이곳(서구사회) 혹은 그곳(사태 발생 지역)에서 우리가 어떻게 대응해야 하는지 또는 당장 필요를 채울지 아니면 근본적인 원인과 씨름할지에 관한 질문이 아니다. 우리는 둘 다 할 수 있으며, 또한 그렇게 해야만 한다. 그리고 이는 세계 곳곳—캄보디아에서 미국까지, 콩고에서 캐나다까지, 독일에서 요르단까지 그리고 그 사이 어디든지—의 교회들이 사태 해결을 위해 협력해야 함을 뜻한다. 우리가 현재 어떻게 반응하느냐에 따라 교회의—그리고 세계의— 미래가 바뀐다.

◇
10. 우리가 할 수 있는 일
◇

◆

　　나치 정권이 유대인 사유지를 몰수하고 회당을 불태우기 시작한 1939년 5월, 900명 이상의 독일계 유대인 난민은 세인트루이스호를 타고 피신해 최종적으로 미국에 도달하고자 쿠바를 향해 가고 있었다. 하지만 그들이 쿠바에 도착하기 전, 대부분의 비자는 취소되었다. 배가 마이애미를 향해 북쪽으로 돌았을 때, 그들은 프랭클린 루스벨트 대통령에게 직접 호소했음에도 미국에 정박할 수 없었다. 배는 다시 유럽으로 돌아가야 했다. 몇몇은 안전하게 영국에 다다랐지만, 세인트루이스호 승객 중 254명은 유럽 대륙으로 강제 송환되었고, 결국 홀로코스트의 희생자가 되었다.[1]

　같은 해 의회에서는 2만 명의 독일 유대인 난민 어린이를 수용하자는 취지의 법안이 발의되었다. 미국 이민국장의 아내 로라 델러노 허텔링은 "2만 명의 귀여운 아이들은 곧 2만 명의 보기 싫은 어른들로 금방 자랄 거예요"라고 불안해했는데, 이는 당시 많은 미국인의 마음을 대변하는 말이기도 했다. 그녀의 사촌인 루스벨트 대통령은 이 법안을 지지하지 않았고, 법안은 결국 통과되지 못했다.[2] 1941년, 루스벨트 행정부는 혹시라도 이들이 나치의 첩보원이거나 그렇게 될 수 있음을 염려하여 유대인 난민에 대한 제재를 강화했다.[3]

나(스티븐)에게는 이것이 개인적으로도 밀접한 역사이다. 최근 나는 아내 벨린다의 할아버지 알렉시스 코샤노프―혹은 '알렉스 할아버지'―의 사진을 접했다. 알렉시스는 히틀러의 반유대주의 중상모략 작전이 시작되기 전에 리투아니아에서 피신했지만, 그가 유대인이라는 이유로 엘리스섬(Ellis Island, 뉴욕 허드슨 강 하구에 있는 섬으로, 1892년부터 1954년까지 미국으로 들어가려는 이민자들이 입국 심사를 받던 곳-역주)에서 본국으로 송환되었다. 나중에 그는 캐나다를 통해서 미국으로 이민 올 수 있었지만, 그의 누이는 아우슈비츠에서 죽었고 그의 형제는 다하우에서 겨우 살아남았다. "나 또한 두 세대를 거친 난민이었네요." 눈물이 그렁그렁한 눈으로 아내는 말했다.

이러한 이야기는 난민 정책이 왜 그렇게 중요한지를 잘 말해준다. 선출된 공직자들의 결정은 하나님이 지으신 소중한 사람들의 삶에 직접적인 영향을 끼친다. 그들은 또한 교회가 지역사회에서 난민을 섬길 기회를 계속 얻을 수 있는지도 결정한다.

정책은 사람을 위한 것

월드릴리프를 통해 우리가 하는 일은 대부분 지역교회가 취약한 난민을 잘 섬길 수 있도록 사람들을 세우는 일이다. 그렇기에 난민들의 필요에 직접적인 도움을 주기도 하고 또한 관계를 통해 사역하기도 하지만, 결국 이들에게 영향을 미치는 정책적인 질문과 씨름하지 않고선 이웃을 전인적으로 사랑할 수 없음을 우리는 안다.

기독교공동체개발협회의 경영책임자인 노엘 카스텔라노스에 의하면, 도움이 필요한 이들에게 적절한 성경적인 행동이라 함은 긍휼의 마음으로 행하는 것이며, 이는 새로 도착한 난민에게 가구가 채워진 아파트를 제공하거나 도착 첫 주에 먹을 것이 충분하도록 챙겨주는 일이 될 수 있다. 하지만 이뿐만 아니라 동시에 하나님이 이들에게 주신 은사를 개발하도록 돕는 것도 병행해야 하고, 여기에는 직장을 구할 수 있도록 돕거나 이들이 속한 공동체를 회복하고 발전하게 하는 일 또한 포함된다. 진정 우리가 사람을 사랑한다면, 복음의 소망을 전할 기회 또한 찾을 수 있을 것이다. 예수님과의 개인적인 관계를 맺어가는 것보다 더 큰 변화를 일으키는 일은 없다고 우리는 믿기 때문이다. 이웃을 진정 사랑하는 것에는 또 다른 요소가 있는데, 그것은 연약한 이들이 하나님이 뜻대로 이 땅에서 축복을 누리며 살아가는 것을 방해하는 불의에 맞서는 일이다.[4]

공공 정책은 난민의 재정착 여부 그리고 도착 후 성공적인 통합

여부에 둘 다 직접 영향을 미친다. 예를 들어 미국에 온 대부분의 난민은, 적어도 안정적인 직장을 구하기 전까지 처음 몇 달은 푸드스탬프에 의지해야 하는 상황이다. 그러므로 푸드스탬프 프로그램 축소는 많은 난민 가정에 직접 영향을 끼친다. 연방정부와 주정부의 예산 관련 결정은 또한 재정착 난민 지원 단체에 영향을 주어 새로 도착하는 이들을 위한 초기 주거 마련이나 사회복지사 지원 등의 사업에 지장을 줄 수 있다.

미국에서 우리는 난민으로 인정받은 이들이 자립하기 위해 반드시 필요한 취업 승인도 당연히 나올 것으로 여기지만, 이 또한 정책에 따라 결정되는 사안이다. 몇몇 국가에서는 난민에게 취업 허가가 주어지지 않으며, (적어도 법적으로는) 스스로 자립할 수 있는 존엄성을 박탈당한다. 미국 안에서도 몇몇 부류의 이주민은 이런 어려움을 겪는다.

종교의 자유 역시 정책의 영역이다. 미국의 수정헌법 제1조는 국민이든 아니든 모든 거주자가 신앙을 다른 이들과 공유할 권리 그리고 강제 없이 신앙을 선택하거나 거부할 수 있는 권리를 보호한다. 하지만 이러한 자유는 보편적으로 모두에게 해당하는 것이 아니다. 여러 국가에서는 종교의 자유에 혹독한 제한을 둔다.

정책은 심지어 지역교회가 난민에게 사역할 기회를 도울 수도, 막을 수도 있다. 최근 미국 하원에서 발의한 법안처럼, 난민 재정착제도에 제동이 걸린다면 이 책에서 말해온 귀한 선교적인 기회들은 이 나라에서 사라질 것이다.[5] 그리스도인의 난민 사역에서 제약을 받는 주요 요인 중 하나는 국가가 정하는 난민 수용의 상한선이다.

난민의 권익보호에 힘써야 하는 성경적인 근거

정책을 바꿀 수 있는 권한을 가진 정부 기관을 압박하는 일은 이웃 사랑에서 중요한 부분이다(눅 10:27 참조). 마틴 루터 킹 주니어 목사는 불의에 맞서기 위해 정책에 관여하는 것이 얼마나 중요한지에 대해, 예수님의 선한 사마리아인 비유를 예로 들며 다음과 같이 설명했다.

> 우리는 인생길 위에서 때때로 선한 사마리아인이 되어야 하지만, 그것은 그저 초기 대응에 불과합니다. 인생이라는 고속도로 위를 여행하는 남자와 여자가 구타당하고 강도당하는 일이 지속해서 일어나지 않도록, 언젠가는 여리고로 내려가는 길 자체가 변화되어야 합니다. 진정한 긍휼이란 거지에게 동전을 던져주는 것 이상입니다. 거지를 양산해내는 구조 자체가 변하는 것이 더 중요합니다.[6]

물론 우리는 긍휼의 마음으로 불의를 당한 이들의 상처를 싸매야 한다. 하지만 만약 여리고로 내려가는 길에서 강도당한 이들을 매일 지속해서 만난다면, 우리는 이웃 사랑의 마음으로 '도대체 이 길은 뭐가 문제일까?'라는 질문을 던져야 한다. 그리고 이 질문에 대한 답은 피해자들이 갖고 있을 가능성이 가장 크다. 해결책을 알았다면, 하나님이 우리에게 주신 영향력을 최대한 활용하여, 사람들을 상처와 가난과 소외의 쳇바퀴에서 벗어나지 못하게 하는 환경을 변화시키려는 노력을 기울여야 한다.

'청지기' 정신에 대한 설교를 들을 때, 우리는 보통 돈에 대해 많이 생각한다. 물론 우리에게는 맡겨진 재정 자원을 잘 관리할 책임이 있다. 하지만 좋은 청지기로서의 책임감은 샬롬—팀 켈러는 이를 "총체적인 번영과 온전함과 기쁨"이라고 정의한다[7]—을 추구하는 데 하나님이 우리에게 주신 영향력을 전체 사회, 특히 소외된 자들을 위해 사용하는 일에서 나타나야 한다. 특히 선출된 공직자의 입장이 유권자의 표심에 따라 움직이는 민주주의 제도에서는 더더욱 우리에게 주어진 투표권을 잘 행사해야 한다. 거기에 우리의 목소리를 통해 남들을 설득할 수 있다면, 이 영향력은 배가 될 수 있다.

많은 그리스도인은 정치에 너무 얽히게 될 것을 걱정하기도 한다. 충분히 이해할 만하다. 물론 교회가 특정 정당의 입장과 너무 가까워져 본연의 임무에 소홀해지는 일은 피해야 하겠지만, 우리에게는 정당하고 효과적인 정부 정책이 마련되도록 성경적인 원칙을 잘 소통하라는 소명이 있다고 믿는다. 우리는 이를 교회 안에서 또한 바깥에서, 나와 의견이 다른 이들에게 공손함과 예의를 갖추고 해나가야 한다. 우리는 항상 성경이 앞서 이끌도록 해야 하며, 이 원칙은 정책만을 위해서가 아니라 정치적인 과정에도 적용되어야 한다.[8]

다행히도 성경은 정부의 권위 앞에서 정의를 추구하는 데 필요한 권리를 옹호했던 사례를 많이 제시한다. 모세와 아론은 백성을 자유하게 하기 위해 파라오에게 항변했다. 에스더 왕후는 크세르크세스(아하수에로) 왕이 대학살을 일으키기 전에 목숨을 걸고 개입했다. 왕의 술 맡은 관원으로서 하나님이 주신 특별한 영향력을 잘 인지하던 느헤미야는 왕에게 예루살렘으로 가서 성벽을 재건할 기회를 달라고 구했다. 엘리야, 예레미야, 말라기 그리고 신약의 세례 요한과 같은 예언자들은 지도자들의 죄악(개인의 도덕적 차원, 가난하고 소외된 자들이 억압받는 구조적인 차원 모두)을 비판했다. 심지어 사도 바울도 로마 시민권을 활용하여 공정한 대우를 받게 해달라고 항변했다(행 22:25).

우리가 난민(이 땅에 온 이들이든, 평생 이 나라에 오지 못할 대부분의 강제 실향민이든)을 사랑하고자 노력할 때, 이런 권리를 신중하게 사용해야 한다.

난민 정책의 현주소

제2차 세계대전과 거기서 발생한 난민 사태 이후, 많은 정부는 국가의 보호가 있어야 하는 이들이 박해와 죽음이 기다리는 본국으로 송환되지 않도록 결정했고, 미국을 비롯해 여러 국가의 정책은 온정적으로 흘러갔다. 그 후 수십 년간 미국은 많은 수의 난민을 헝가리, 베트남, 쿠바 등지에서 그때그때 받아들였고, 1980년 난민법을 제정해 현재의 난민 재정착제도를 수립했다. 이 제도는 몇십 년 동안 양당에서 지지를 받아왔다.

하지만 2015년 후반, 기록적으로 많은 시리아인이 안전을 찾아 유럽으로 몰려들면서 언론 또한 전례 없이 이 일에 주목하게 되었고, 프랑스와 캘리포니아주에서 일어난 테러 그리고 미국 대통령 선거철에 언론의 주목을 받으려고 유권자의 두려움을 자극하는 전략을 사용하는 등 여러 요인이 서로 맞물리며 돌아갔다.

난민 재정착에 관한 질문이 꽤 갑작스럽게 정치적인 논쟁거리가 되었다. 2015년 11월 어느 날, 절반 이상의 미국 주지사들은 시리아 난민이 자기 주에 정착하는 것을 반대한다는 성명을 냈다. 물론 난민법은 난민 재정착 책임을 연방 행정부에 부여하기 때문에, 이러한 칙령은 여론을 양극화시키고 이미 잘 정착해 살아가는 난민들에게 행여나 다시 전쟁 지역으로 송환되진 않을까 하는 걱정만 불러일으켰을 뿐 실질적인 영향은 거의 없었다.

어느 주가 시리아 난민 수용에 반대했나?

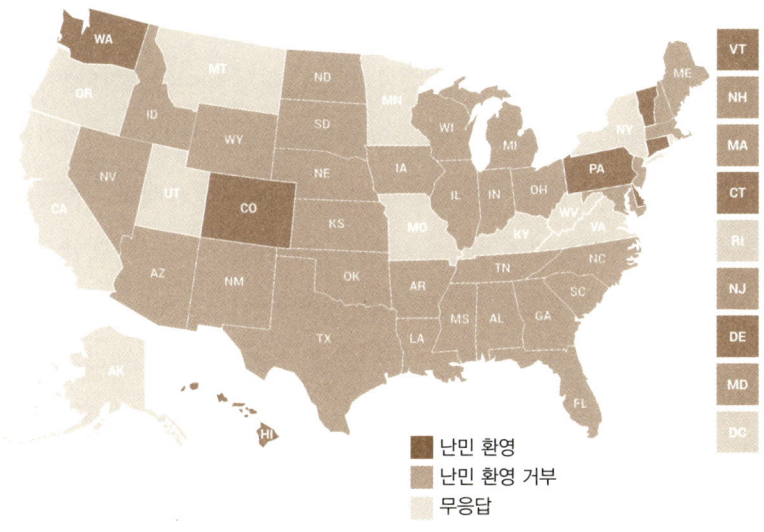

"이 나라의 주지사 중 절반 이상은 시리아 난민을 환영하지 않는다." CNN, 2015년 11월 16일
출처: Ashley Fantz, Ben Brumfield, 2015년 11월 16일 CNN.com에 기재된 지도.
www.cnn.com/2015/11/16/world/paris-attacks-syrian-refugees-backlash/.

며칠 후 하원에서는 시리아와 이라크 난민의 미국 내 재정착을 막기 위한 양당 법안을 허둥지둥 통과시켰다. 월드릴리프의 정책 및 권익옹호 부회장인 제니 양은 이 법안에 대해 "현재 재정착 과정을 진행 중이던 수만 명의 검증된, 핍박당하는 그리스도인을 포함해 취약한 상황에 부닥친 난민들을 유기하는" 법안이라고 경고했다. 이 책을 쓰는 시점에서 법안은 미국 상원을 통과하지 않으리라 예측하고 있으며(이 법안은 2016년 1월 상원 투표에서 부결되었다-역주), 통과하더라도 대통령이 거부권을 행사할 것임을 약속한 상황임에도, 미국 난민 재정착제도는 근래의 그 어느 때보다 위태로운 상황이다.

세계의 다른 곳에서도 비슷한 토론이 진행 중이다. 2015년 백만 명 이상의 비호신청자를 받아들인 유럽에서는 수십 년 전 사라진 국경 검문소와 장벽을 재설치했다. 유럽 내외에서는 유례없이 많은 비호신청자들이 몰리는 현상에 어떻게 대응해야 하는가에 대한 논쟁이 정치적인 토론으로 과열되었다. 캐나다에서는 2015년 후반, 시리아 난민을 더 받아들이겠다는 공약을 한 저스틴 트뤼도 총리가 권력을 쥐었다. 취임 선서 후 몇 달이 지나고 트뤼도 총리는 2만 5천 명의 시리아 난민을 캐나다에 정착시키려고 노력했고, 이때 미국과는 달리 반대파의 목소리는 상대적으로 조용했다.

한때 억압을 피해 온 이들에게 자유의 등대와도 같았던 미국이, 가장 약하고 소외된 난민을 더 적극 환영해야 한다고 우리는 믿는다. 2015년에 세계에서 받은 7만 명의 난민은 평시 때라면 관대한 숫자겠지만, 지금은 평시가 아니다. 우리는 난민의 수를 1980년도 수준인 20만 명 정도로 늘려서 받아야 한다고 정부에 촉구했다.[9] 정부가 최대한으로 난민을 받아들이는 만큼 동일하게 미국 교회들도 환대와 이웃 사랑에 관한 성경의 명령을 본받아 이들을 환영하며 지상명령에 순종할 기회를 누리게 되길 기도한다.

이 나라에서 설령 20만 명을 받아들인다고 해도, 전 세계 난민의 1퍼센트밖에 되지 않는 규모다. 우리는 미국 정부가 재정착하지 못하는 절대다수의 난민에게 추가 구호를 제공하는 것이, 위대하고 헌신적인 국가의 성품에도 어울리며 국익을 도모하는 일이라고 생각한다. 이러한 노력을 토대로 해야 중동과 유럽의 동맹국에게도 억압을 피해 들어오는 이들을 계속 수용하라고 설득할 수 있다.

우리는 그리스도를 따르는 이들이 화평하게 하는 자(마 5:9)가 되라는 예수의 명령을 따르길 기도하며 또한 모든 정부가 시리아 분쟁에서, 그리고 난민을 발생시키는 다른 여러 나라에 평화적 해결을 촉구하길 권고한다. 하지만 이러한 각각의 도전에 정부가 어떻게 반응하느냐는—두려움으로 도움을 제한할지, 아니면 관대하게 확장할지— 유권자들에게 영향을 받아 정책적인 결정을 내리는 선출 공직자들의 역할이 크다.

우리는 지금이 바로 교회가 나서서 목소리를 내야 할 긴급한 시기라고 믿는다.

권익 옹호를 위한 실천 방안들

어원상 '권익 옹호'(advocacy)는 '목소리'(voice)와 직접 연결된다. 권익 옹호란 "할 말을 못 하는 사람을 위해 입을 열어 변호"(잠 31:8, 우리말성경)하는 것이다. 사실 난민은 스스로 자기 입을 열어 변호할 수 있으며, 우리는 그 정책에 가장 영향을 받는 이들에게 마땅히 귀를 기울여 해결책을 모색해야 한다. 하지만 아직 시민권이 없는 난민은 투표할 수 없기에 재선을 노리는 정치인의 관심을 끄는 데 어려움이 많다. 시민권을 가진 우리가 영향력을 부여받은 청지기로서 난민이 된 이들을 대변하거나 이들과 함께 힘을 합하여 목소리를 높일 수 있다.

공개 성명은 난민들과 함께 목소리를 낼 수 있는 실질적인 방안 중 하나다. 미국의 여론이 난민 재정착에 대해 갈수록 부정적으로 변해 가던 2015년 후반에 저명한 복음주의 단체—남침례교, 하나님의성회, 휘튼대학 빌리그레이엄선교센터, 윌로우크릭협회, 월드릴리프, 월드비전 등—의 지도자들은 "난민 보살핌에 관한 그리스도인의 성명"을 공표했다.[10] 성명은 "그리스도인은 침묵하고 있을 수 없다"고 말하면서, 하나님의 형상에 따라 지음받은 난민 개개인의 가치와 난민 이웃을 사랑하려는 교회의 소명을 돌아볼 것과 두려움이 아닌 사랑에 이끌림을 받는 것이 중요하다고 강조했다. 수백 명의 목사와 그리스도인 지도자가 이 성명에 동참했다. 이를 주도한 이들은 후속 조치로 릭 워렌, 빌 하이벨스, 크리스틴 케인, 데이비드 플랫 등 저명한 복음주의 지도자들을 연사로 초청해 컨퍼런스를 열었다. 정책이 주된 주제는 아니었지만, 이 모임은 정치인에게 분명한 메시지를 던졌다. 복음주의 그리스도인은 난민을 사랑하고 환영하며, 이들이 희생양이 되는 상황이나 교회가 이들에게 사역할 기회가 줄어드는 상황을 원하지 않는다.

다른 이들은 정치인들에게 보다 직접적으로 의견을 전달했다. 복음주의협회, 남침례교의 윤리와종교자유위원회, 기독교대학연합회, 히스패닉기독교지도자콘퍼런스 그리고 여러 단체의 원로들은 함께 모여 성경적인 가치가 담긴 이민 정책을 추구하기 위한 연합체인 '복음주의이민법회의'(Evangelical Immigration Table)를 창설했다. 하원이 2015년 후반에 특정 국가로부터의 난민 재정착을 급격히 줄이려는 법안을 통과시켰을 때, 복음주의이민법회의에서는 그들—또한 여러 복음주의 교단과 단체가 대변하는 수백만 명의 복음주의 유권자들—이 왜 재정착에 새로운 제한을 두는 것이 타당하지 않다고 믿는지 신중하게 설명하는 서한을 하원의원 한 명 한 명에게 보냈다.[11]

이러한 권익옹호 활동은 지역사회 단계에서 훨씬 더 효과적이다. 가령 일리노이주에서는 주에서 가장 큰 교회들을 비롯해 12개가 넘는 교회의 목사들이 일리노이주 두 명의 상원의원에게, 교회들이 월드릴리프와의 협력 관계를 통해 많은 난민을 환영할 수 있도록 난민 재정착제도를 금지하는 법안에 서명하지 말라는 서한을 보냈다.[12]

노스캐롤라이나주에서는 주지사가 시리아 난민들을 자신의 주에 받아들이지 않겠다는 견해를 표명한 후, 목사 몇 명이 주지사의 직원들을 만났다. 목사들은 어떻게 그들의 교회가 난민을 환영해왔는지 그리고 그들에 대한 어떤 오해들이 있는지 설명하며, 이 사안을 놓고 고민하는 주지사를 위해 진심으로 기도하고 있다고 알려 주었다. 남침례교 소속이며 노스캐롤라이나주의 롤리, 더럼, 채플힐 등지에 9개의 캠퍼스를 섬기는 서밋교회의 지역 개발과 봉사를 담당하는 맷 믹 목사는 "수많은 교인이 난민 가족을 환영하고 책임질 준비가 되어 있다는 사실을 알길 바랐다"고 말하며 "회의는 그저 말할 뿐만이 아니라 들을 수도 있는 기회였고, 그것은 어떻게 더 잘 사랑하고 섬길 수 있을지에 대한 고민에 도움이 되었다"라고 말했다.

선출된 공직자와의 만남은 이들을 설득하기 위한 기회일 뿐만 아니라 사역의 기회이기도 하다.[13] 미국은 적어도 선출된 공직자 대부분이 그리스도를 따른다고 고백하는 나라이며, 이 중 많은 이들이 성경적인 진실을 복잡한 입법적인 결정에 적용하기 위해 진심으로 헌신한다. 여느 다른 미국인들과 마찬가지로, 어떤 이들은 성경이 얼마나 분명하게 난민과 이민자에 관해 이야기하는지 전혀 모르는 상태일 수도 있다. 복음주의이민법회의에서는 이방인을 향한 하나님의 마음과 연관된 40개의 성경 본문을 엮은 성경읽기 가이드—"내가 나그네 되었을 때에"—를 만들었다. 이러한 내용을 담은 수십만 개의 책갈피를 지역교회의 제자훈련용으로 배포하면서 몇몇 목사들은 그들의 의원 사무실에도 비치하여 정치인도 이 소명에 동참하도록 초대했다.

정치인들을 직접 찾아가는 것 외에 권익 옹호 활동을 위해 언론을 활용할 수도 있다. 예를 들어 남침례교 윤리와종교자유위원회의 러셀 무어 회장은 〈워싱턴포스트〉에 사설을 기고하며 시리아 난민을 향한 긍휼의 마음과 안보 문제는 상호배타적이지 않다는 자신의 신념을 설명했다. 그는 기고문에서 "우리는 위험에 처한 우리의 형제자매를 못 본 체할 수 없다. 또한 우리는 선교지로부터 우리를 격리할 수도 없다"라고 밝혔다.[14]

비슷하게 텍사스주 켈러에 위치한 노스우드교회의 밥 로버츠 목사와 포트워스에 위치한 판테고성경교회의 데이비드 대니얼스 목사는 〈포트워스 스타텔레그램〉 독자들에게 예수님의 말씀을 되새기며, 난민에 대한 환대와 사랑에 기반을 둔 반응을 보여 달라고 격려했다.[15] 애틀랜타 외곽에 위치한 존슨페리침례교회의 브라이언트 라이트 담임목사는 폭스뉴스와 인터뷰하며, 주지사가 주정부에 시리아 난민의 지원을 막겠다는 행정 명령을 내렸을 때도, 교회는 어떻게 성경의 원칙을 따르기 위해 월드릴리프와 협력하여 한 시리아 난민 가정을 환대하고 미국에서 동행하고 있는지 설명했다.[16]

우리 대부분은 공중파 뉴스에 나올 기회는 많이 없겠지만, 누구나 지역 신문 편집장에게 편지 보내는 일 정도는 할 수 있다. 지역 정치인들은 이를 보며 지역 유권자들의 여론을 가늠할 가능성이 크기 때문이다. 또한 우리는 하원 의원에게 편지나 이메일을 보낼 수 있으며, 그들의 사무실에 전화를 걸고 메시지를 남겨 우리 의견을 표현할 수 있다. 의원들이 유권자의 의견을 듣는 것은 법안 투표에 실제로 영향을 준다. 하원이 난민 재정착에 제한을 두는 투표를 부친 2015년 11월, '위웰컴레퓨지닷컴'(WeWelcomeRefugees.com)이 주도

한 캠페인을 통해 그리스도인은 선출 공직자들에게 만 통 이상의 메시지를 보냈고, 이런 행동은 법안이 상원에서 실패하게끔 작용했을 수도 있다.

창의적인 방법들을 고안해 권익 옹호 활동을 펼친 교회도 있다. 펜실베이니아주의 로이어스포드에 위치한 그리스도의골짜기교회에서는 어느 주일에 난민을 향한 하나님의 마음을 나눈 뒤, 소셜미디어를 통한 권익 옹호 활동을 권장했다. 교인들은 셀카를 찍고 "우리는 난민을 환영합니다"라는 사인과 해시태그를 달아 트위터, 페이스북, 인스타그램에 올렸다. 일리노이주 휘튼의 월드릴리프 지역지부 자원봉사자들은 좀 더 예전 방식으로 난민을 향한 그들의 지지를 표현하며, "우리는 두렵지 않습니다" 그리고 "우리는 난민을 환영합니다"라고 적힌 표지판을 집 마당에 꽂아 두었다.

교회가 이웃 난민을 사랑하라는 초청(혹은 기회)을 받아들였다면, 권익 옹호 활동은 필수 요소다. 정책은 이웃의 안위에 직접적인 영향을 미치기 때문이다. 정부가 난민을 계속 받아들이는 이상, 지역 교회들은 지역사회에 새로 도착한 입주민에게 그리스도의 사랑을 나타내야 하며, 나아가 보다 실제적으로 도와야 한다. 교회가 권익 옹호 활동으로, 또한 실질적인 서비스를 제공하며 난민을 위한 사랑을 나타낼 때, 우리는 하나님의 성품에 관해서도 입증하는 것이다.

11. 세상에서 빛을 발할 기회

　　로널드 레이건 대통령은 1989년 고별 연설에서 예수의 말씀을 인용하면서, 미국은 자유를 찾는 이들에게 "언덕 위의 빛나는 도시"이며, "온갖 부류의 사람들이 가득 차 화합과 평화 속에 살아가고, 오고자 하는 의지와 마음이 있는 사람들에게 문이 활짝 열린 곳"[1]이라고 묘사했다.

　　수백 년 동안 미국은 박해를 피해 떠나고 "숨 쉬는 자유를 갈망"해 떠난 많은 이들의 피난처가 되었으며, 이는 실로 명예로운 유산이다.[2] 하지만 예수께서 "산 위에 있는 동네"를 언급하셨을 때, 미국이나 다른 국가를 가리키신 것은 아니었다. 예수께서는 그의 제자들에게 바로 그들 자신—초대교회를 시작할 처음 제자들—이 세상의 빛이며, 마치 산 위의 빛나는 도시와 같이 그들 또한 숨겨질 수 없다고 하신 것이다(마 5:14). 예수는 그들에게 "이같이 너희 빛이 사람 앞에 비치게 하여 그들로 너희 착한 행실을 보고 하늘에 계신 너희 아버지께 영광을 돌리게 하라"(마 5:16)고 말씀하셨다.

유례없는 국제적인 난민 사태를 맞이한 현재야말로, 교회가 빛을 숨길 때가 아니라 일어나 그 빛을 발할 때이다. 간절한 희망을 안고 왔고, 동시에 많은 이들에게 혐오와 두려움의 대상이기도 한 수천만 명의 강제 실향민은 전 세계에서 예수를 따르는 이들이 현 사태에 어떻게 반응하는지를 지켜보고 있다. 그리스도인이 그들을 환대, 사랑, 권익 옹호로 대하는지 또는 무관심, 두려움, 희생양으로 대하는지에 따라 예수에 대한 그들의 시선이 결정된다.

일어나 빛을 발하는 제자들

전 세계와 전국 각지에 흩어진 지역교회는 이 위기 상황을 예수의 가르침을 살아내며 빛을 발하여 다른 이들이 보고 하나님께 영광을 돌리게 할 기회로 삼고 있다.

이들 중 많은 목회 활동은 상대적으로 작은 교회에서, 스스로 난민이거나 이민자인 목사나 지도자를 통해 이루어지고 있다. 일례로 시리아 남부 지역에서 활동하던 기독교선교연맹 소속 선교사를 통해 할아버지 대부터 예수를 알게 된 라에드 아왑데 목사는, 캘리포니아주에서 기독교선교연맹 소속 새크라멘토아랍교회를 이끌며, 아랍계미국인센터를 통해 매년 대부분 이라크 출신인 1,200여 명의 난민을 섬기고 있다. 적어도 그들 중 75명이 예수를 따르는 결단을 했다. 두르모모 개리 목사는 성경 번역가로 일하던 수단에서 핍박을 받고 이집트로 피신한 뒤, 후에 미국에 난민으로 재정착하게 되어 일리노이주 휘튼에 있는 수단커뮤니티교회를 섬기며 동시에 무디성경학교에서 석사 공부도 하게 되었다. 버마에서 태어난 스토니 셈 박사는 월드릴리프 잭슨빌지부에서 사회복지사로 섬기며 플로리다주 잭슨빌에 위치한 가나안친침례교회 목사로도 섬기고 있다.

이들의 활발한 사역 활동은 심지어 같은 도시 안에 있는 주류 문화의 그리스도인에게도 잘 알려지지 않았지만, 그리스도의 몸 된 이 중요한 지체들은 이방인을 예수의 이름으로 환대하며 살아가는 것이 어떤 것인지를 보여 주는 빛나는 본보기이다. 그리고 전 세계의 모든 인종, 언어, 교단, 목회자와 평신도 등 다른 많은 사람도 비슷하게 그들의 삶을 난민과 소외당한 자들을 위해 헌신하고 있다.

어둠은 빛을 이길 수 없다

하지만 현실에서 난민을 향한 교회의 반응을 전체적으로 보면, 여러 가지가 복잡하게 섞여 있다. 미국의 많은 그리스도인 지도자가 긍휼의 마음에 호소하고 교단에서는 난민 사역의 놀라운 열매를 보고 있지만, 다른 편에서는 그들의 입국을 제한하라고 정부를 압박하고 있다.

지역교회 차원의 통계를 보면 낙담할 수도 있다. 2015년 9월, 대부분의 미국인이 재정착 난민 수를 늘리는 데 동의했지만, 백인 복음주의 진영의 그리스도인은 2대 1의 비율로 반대했다.[3] 라이프웨이 연구소의 조사에 의하면, 86퍼센트의 미국 개신교 목사들이 "그리스도인에게는 난민과 외국인을 희생적으로 돌볼 책임이 있다"는 데 동의하면서도 현재 그들의 교회가 지역 난민을 섬기고 있다고 말한 비율은 10분의 1 미만이었고, 해외에서 난민을 섬기고 있다고 말한 교회는 5분의 1 미만이었다.[4] 거의 절반은 자기 회중이 미국에 들어오는 난민을 두려워한다고 인정했다.[5]

교회는 난민을 위협적인 존재로 묘사하는 정치인이나 언론이 우리를 대변하여 이야기하도록 자주 허용해왔다. 우리가 그들을 응원하거나 잠자코 있으면, 추방당하고 소외된 전 세계 수천만 명은 그리스도인—그리고 우리가 따른다고 하는 예수—이 난민에게 관심이 없거나, 나아가 적대적이라고 생각하게 될 것이다.

예수는 당신을 따르는 자들에게 그리고 우리에게 "너희는 세상의 소금"이라고 말씀하셨다.

> 너희는 세상의 소금이니 소금이 만일 그 맛을 잃으면 무엇으로 짜게 하리요 후에는 아무 쓸 데 없어 다만 밖에 버려져 사람에게 밟힐 뿐이니라. 너희는 세상의 빛이라. 산 위에 있는 동네가 숨

겨지지 못할 것이요. 사람이 등불을 켜서 말 아래에 두지 아니하고 등경 위에 두나니 이러므로 집 안 모든 사람에게 비치느니라. 이같이 너희 빛이 사람 앞에 비치게 하여 그들로 너희 착한 행실을 보고 하늘에 계신 너희 아버지께 영광을 돌리게 하라(마 5:13-16).

우리는 교회가 난민 사태를 통해 빛을 발하게 되길 소망한다. 예수를 죽음 가운데에서 다시 일으키신 동일한 부활의 능력으로, 하나님의 사람들이 모두 일어나 전에 없는 환대로 나그네를 대접하며, 하나님이 우리를 부르신 바를 행하기를 기도한다.

상한 심령을 싸매며,
이웃을 사랑하며,
정의를 실천하며,
공의를 사랑하며,
쉬지 말고 기도하며,
나그네를 대접하고, 또한 남에게 대접받는 법을 배우며,
그저 미소 하나가 언어의 장벽을 넘을 수 있다는 사실을 믿고 길 건너편 이웃집에 쿠키를 전할 수 있길,
의원에게 서한을 쓰거나 직장에서 난민에 대해 잘못된 정보를 되풀이하는 동료를 부드럽게 타이를 수 있길,

원하지 않는 여행을 하게 된 이들을 위해 내 여행 계획을 취소하고 대신 기부할 수 있길,

핍박받는 형제자매들과 연대하며, 우는 자들과 함께 울고 기뻐하는 자들과 함께 기뻐할 수 있길,

그리스도를 아직 모르는 이들에게 말로 그리고 행동으로 그분의 사랑을 선포할 수 있길,

궁극적으로 교회가 "하나님이 전에 예비하사 우리로 그 가운데서 행하게 하려"(엡 2:10) 하신 선한 일에 동참하고 세상의 빛이 되어, 우리 곁에서 살아가는 전 세계의 난민이 하늘에 계신 우리 아버지께 경배할 수 있게 되길,

오직 하나님께 영광.

미국의 재정착 지원 단체 연락망

이 책이 당신의 마음을 움직여 한 걸음을 내딛게 했다면, 지역사회의 난민과도 연결되기를 바란다. 미국 전역에 있는 우리의 지역 사무실은 개인과 지역교회가 난민과 이민자들을 환영하는 일에 함께할 수 있도록 적극 협력할 준비가 되어 있다. 월드릴리프 지부가 없는 곳이더라도 다른 지원 단체가 있다.

미국 월드릴리프 협력단체 연락처

업데이트된 최신 정보는 www.worldrelief.org에서 확인할 수 있다.

캘리포니아주
월드릴리프 남가주(가든그로브), https://worldreliefsocal.org, +1-714-210-4730
월드릴리프 모데스토, https://worldreliefmodesto.org, +1-209-491-2712
월드릴리프 새크라멘토, https://worldreliefsacramento.org, +1-916-978-2650

플로리다주
월드릴리프 잭슨빌, https://worldreliefjacksonville.org, +1-904-448-0733

조지아주
월드릴리프 애틀랜타(스톤마운틴), https://worldreliefatlanta.org, +1-404-294-4352

일리노이주

월드릴리프 시카고. https://worldreliefchicago.org, +1-773-583-9191

월드릴리프 뒤파제/오로라. https://worldreliefdupageaurora.org, +1-630-462-7566(뒤파제), +1-630-906-9546(오로라)

월드릴리프 멀린. https://worldreliefmoline.org, +1-309-764-2279

메릴랜드주

월드릴리프 볼티모어 이민법 상담소. https://worldrelief.org/baltimore-clinic, +1-410-244-0002

미네소타주

어라이브 미니스트리(Arrive Minitries) 리치필드(Richfield). https://arriveministries.org, +1-612-798-4332

노스캐롤라이나주

월드릴리프 트라이어드(하이포인트/윈스턴세일럼). https://worldrelieftriad.org, +1-336-887-9007

월드릴리프 더럼. https://worldreliefdurham.org, +1-919-286-3496

오하이오주

월드릴리프 애크런. https://worldreliefakron.org, +1-234-334-5190

사우스캐롤라이나주

월드릴리프 SC북부. https://worldreliefupstatesc.org, +1-864-729-8655

테네시주

월드릴리프 멤피스. https://worldreliefmemphis.org, +1-901-341-0220

텍사스주

월드릴리프 포트워스. https://worldrelieffortworth.org, +1-817-924-0748

워싱턴주

월드릴리프 트라이시티(Tri-Cities). https://worldrelieftricities.org, +1-509-734-5477
월드릴리프 시애틀(켄트). https://worldreliefseattle.org, +1-253-277-1121
월드릴리프 스포케인. https://worldreliefspokane.org, +1-509-484-9829

위스콘신주

월드릴리프 폭스밸리. https://worldrelieffoxvalley.org, +1-920-231-3600

월드릴리프가 당신의 지역사회에 아직 없다면, 새로운 지부를 개소할 가능성 또한 열려 있다. 이를 검토할 때 우리는 지역교회가 난민을 환영할 수 있는 역량을 기르길 원하는가를 가장 중요하게 살핀다. 또한 지역사회, 주정부, 연방정부 관계자와 상의해 난민들이 성공적으로 환영받으며 재정착할 수 있도록 취업 기회, 저렴한 주거와 생활비용 등이 가능한지를 고려한다. 새로운 월드릴리프 지역지부에 관한 정보를 원한다면, NewSites@wr.org로 연락하길 바란다.

기타 재정착 지원 단체 연락처

기독교세계봉사회(Church World Service). https://cwsglobal.org, +1-800-297-1516

성공회이주사역회(Episcopal Migration Ministries). https://episcopalmigrationministries.org, +1-800-334-7626

에티오피아지역사회개발회(Ethiopian Community Development Council). https://www.ecdcus.org, +1-703-685-0510

유대인이민지원협회(Hebrew Immigrant Aid Society, HIAS). https://www.hias.org, +1-301-844-7300

국제구조위원회(International Rescue Committee). https://www.rescue.org, +1-212-551-3000

루터교이민난민서비스(Lutheran Immigration and Refugee Service). https://www.lirs.org, +1-410-230-2700

미국주교회의(US Conference of Catholic Bishops). http://www.usccb.org/mrs, +1-202-541-3352

미국난민이민위원회(US Committee for Refugees and Immigrants). http://refugees.org, +1-703-310-1130

감사의 말

◆

월드릴리프의 동료들은 이 책을 기획하는 데에 정말 큰 도움이 되었습니다. 특별히 사례들을 제공하고 사실관계를 확인해준 스포케인, 가든그로브, 잭슨빌, 시애틀, 새크라멘토, 모데스토, 멤피스, 스파르탄버그, 더럼, 하이포인트, 베를린, 암만, 프놈펜의 동역자들에게 감사를 드립니다. 자원봉사자부터 시작해서 교회 담당부, 행정부, 마케팅부, 인사부 직원 들은 교회와 함께 난민과 소외된 이웃을 섬기느라 지금도 밤낮으로 수고하고 있습니다. 이 책의 수익금 전액이 지역교회가 소외계층을 섬길 역량을 갖추도록 돕는 우리의 소명을 위해 쓰이게 되어 감사하며, 이 일을 지속할 수 있도록 후원하는 교회와 후원자들에게도 감사드립니다.

우리의 동료들, 또한 월드릴리프 식구가 아닌 친구들도 원고를 검토하고, 사실을 확인하고, 수정할 곳을 알려 주었습니다(그럼에도 발견되는 오류는 우리 책임입니다). 특별히 제니 양, 제임스 미즈너, 댄 코스텐, 수잔 스페리, 에밀리 그래이, 앤드류 팀비, 맨디 바브, 케이시 리바, 전미복음주의협회의 게일렌 캐리, 미국장로교 북미선교부의 팻

해치, 시카고대학교 포즌가인권센터(University of Chicago Pozen Family Center for Human Rights)의 타라 피터스에게 감사드립니다. 휘튼대학 학생 릴라 김은 인턴으로 일하며 원고 서식 작업과 각주 작업을 기쁘게 도왔습니다. 돈 제이콥슨은 출판사를 찾는 과정에서 자신의 재능을 충분히 발휘해 무디출판사가 이 프로젝트를 맡을 수 있도록 했습니다.

우리보다 먼저 이 프로젝트에 관한 비전을 갖고 있던 무디출판사의 뛰어난 팀이 아니었다면 이 책이 여러분의 손(혹은 단말기)에 들리는 일은 아마 없었을 것입니다. 특별히 이 비전을 믿고 끝까지 지원해준 두에인 셔먼과 랜달 페일라이트너에게 감사를 드립니다. 하나님께 편집과 문장의 은사를 받은 진저 콜바바는 "선교적 기회"라는 표현을 한 문단에 네 번이나 쓰면 안 된다고 조언해주었습니다. 그리고 책이 여러분의 손에 오기까지 무디출판사와 월드릴리프의 두 마케팅 팀이 쏟은 헌신적인 노력 또한 감사합니다.

복음주의이민법회의와 일하는 친구들과 동료들은 정의로운 공공 정책을 펴나가는 일에 예수를 따르는 이들이 어떤 활동을 할 수 있는지를 본으로 보여 주었습니다. 비키 레디와 위웰컴레퓨지닷컴은 난민을 위해 비슷한 연대 활동을 하고 있습니다. 참 감사합니다.

스티븐 바우만

이 책을 출간할 수 있게 한 모든 분에게 진심으로 감사합니다. 무엇보다도 우리가 난민이라고 부르지만 결국 함께 나그네 된 자로서 우리가 배울 것이 참 많은 수백만의 사람들에게, 이 프로젝트에 조건 없이 기여하며 우리를 너무나 잘 이끌어 준 매튜 소렌스에게, 우리 홀로 끝낼 수 없던 이 프로젝트에 함께해준 이쌈 스메어에게, 우리와 이 프로젝트의 비전을 함께한 두에인 셔먼을 비롯한 무디출판사 팀과 지얼출판사(Zeal Books)의 돈 제이콥슨과 마티 라즈에게, 나그네 된 자들을 사랑하며 우리 또한 동일한 일을 하며 많이 배우게 되는 벨린다, 조슈아, 케일럽에게…. 이 모두에게 저의 사랑을 전합니다.

이쌈 스메어

이 프로젝트 내내 저를 격려해준 몇몇 분을 언급하고 싶습니다.
첫째로는 제 아내 스테파니 멈퍼드 스메어입니다. 그녀는 "자신보다 똑똑한 아내와 결혼하는 것을 두려워하지 말라"는 오래된 격언이 참된 지혜라는 것을 증명합니다. 12년 전, 한 후원의 밤 행사에서 만났을 때 그녀는 시카고에서 심각하게 방치되고 학대당한 아이들을 위한 주거 지원 프로그램을 운영하고 있었습니다. 그녀가 행사에서 연설한 건 불과 몇 분이었지만, 제 마음을 영원히 빼앗기에는 충분한 시간이었습니다. 정의를 향한 그녀의 열정은 저를 빠져들게 했고, 매년 몇 달씩 집에서 떨어져 중동과 북아프리카의 난민과 고문 피해자와 함께하는 것도 가능하게 했습니다.

둘째로 매튜와 스티븐의 책에 저 또한 참여하도록 제안해준 매튜 소렌스에게 신세를 졌습니다. 그의 조언과 제안은 프로젝트 내내 제게 매우 중요했습니다. 리처드 스텔웨이는 원고를 일부 검토 수정하며 여러 아이디어와 구상에 관해 귀한 조언을 나누어 주었습니다. 그의 기도와 격려로 저는 중동에서 사역하면서 계속 앞으로 나아갈 수 있었습니다. 멘토인 개리 콜린스는 지난 수년간 그의 날개 아래에 저를 보살피며 아들과 같이 대해 주셨습니다.

또한 월드릴리프 뒤파제지부의 직원들에게도 감사드리며, 특별히 이 프로젝트의 구상 단계부터 많은 기대로 응원해준 에밀리 그레이, 릴리아나 포포비치, 수전 스페리에게 감사드립니다. 이들은 저와 함께 일하며 이 프로젝트를 위해 제가 일상 업무에서 벗어나 꼭 필요한 시간을 가질 수 있도록 배려했습니다.

그리고 마지막으로 내 인생의 기쁨인 네 꾸러미, 레이스, 리암, 루크, 제인. 너희는 내가 일어나자마자 떠올리고, 자기 전에 마지막으로 기도하는 사람들이란다. 이 책을 쓰는 동안 계속 방해해줘서 고마워. 인생에서 글 쓰는 것과 일하는 것보다 중요한 것이 있다는 사실을 끊임없이 상기시켜 줘서.

매튜 소렌스
10여 년 전의 두 가지 결정으로 저는 이 책에 참여할 수 있었습니다. 바로 월드릴리프 뒤파제지부에 입사하기로 한 것과 일리노이주 글렌엘린의 파크사이드 아파트로 이사한 결정이었습니다.

지난 몇 년간 대부분 난민이거나 이민자였던 제 이웃 한 분 한 분에게 감사드립니다. 여러분과 함께 살았던 일은 제 인생에서 이웃과 공동체에 대해 가질 수 있었던 가장 뜻깊은 경험이었으며, 다시는 이와 같은 경험을 하지 못할 것 같아 두렵기도 합니다.

장비에, 마리 조제, 미레유, 크리스티앙, 리카, 다니엘라. 이노센시아 에스코바, 어빙 루이즈, 아렐리 루이즈. 실리아 꿀레브리나와 가족. 마리 끌레어과 셀레스탱과 가족. 로크, 테레사, 캐런, 조바니 가르시아. 냐키르 뎅과 톰 아완. 와니 설리만과 가족. 파스칼과 리디에 아치리미. 도미니크 아치리미. 마마 아주아. 조셉과 엘렌 단웨이. 아나와 가족. 페이만 카미시. 렌보우 단. 파스칼 라마다니. 라이언 하임스, 벤 로우, 조쉬 마틴, 조나단 킨드버그, 사도 박, 아론 피셔, 네이선 리우, 캐그스 은데티우, 마리아 멀하우저, 데이비드와 크리스티 보스버그, 벳시와 마크 힌쉬, 루크와 섀넌 니어만, 제이슨 알레니우스, 제이콥 로드리게즈, 테오진 니심웨, 존 레인스, 크리스 윌슨, 엘렌 리히 그리고 리즈 동에게 특별히 감사를 드립니다.

지금 우리가 사는 오로라에서 저는 커뮤니티크리스천교회의 동오로라캠퍼스로부터 물심양면으로 지원을 받아왔습니다. 특별히 오베와 잭 아레야노, 커스틴과 스캇 스트랜드, 빅터와 폴리아나 네그레이로스, 에릭과 켈리 스테이드, 조슈와 마리아 마타, 오마르 오르넬라스, 데이지 오르넬라스, 수지 멘차카, 라파엘 멘차카에게 감사드립니다. 한때 우리 위층 이웃이기도 했던 사이드와 하미다와 살완은 위층에 사는 한 해 동안 각별해진 친구들이기도 합니다.

제 아내 다이애나에게 저와 몇몇 동료가 한 달이 조금 넘는 기간에 책을 쓰는 아이디어에 관해 어떻게 생각하는지 물어봤을 때에도, 다른 말도 안 되는 아이디어를 제시했을 때와 마찬가지로 그녀의 대답은 "한번 해보자"였습니다. 당신 없이는 불가능했을 거야, 사랑해.

마지막으로 지포라와 제파니아. 내가 너희의 아빠라는 사실은 이 세상에서 상상할 수 있는 것 중에 가장 큰 특권이란다. 사랑한다.

주

1장. "너희라면 어떻게 하겠느냐?"

1 "UNHCR Global Trends: Forced Displacement in 2014," United Nations High Commissioner for Refugees, http://unhcr.org/556725e69.html#_ga=1.23600890.1718187515.1441033927.

2 Ibid.

3 Karen Miller Pensiero, "Aylan Kurdi and the Photos That Change History," *Wall Street Journal*, September 11, 2015, http://www.wsj.com/articles/aylan-kurdi-and-the-photos-that-change-history-1442002594.

4 Bill Hybels, *Courageous Leadership* (Grand Rapids: Zondervan, 2002), 27.

5 Michael Gerson, "The Children among Syria's Ruins," *Washington Post*, October 15, 2015, https://www.washingtonpost.com/opinions/syrian-children-among-the-ruins/2015/10/15/8d0510de-7360-11e5-8d93-0af317ed58c9_story.html.

6 Pamela Duncan, "More than 1 Million People Have Sought EU Asylum So Far in 2015," *The Guardian*, December 9, 2015, http://www.theguardian.com/world/2015/dec/09/more-than-1-million-people-have-sought-eu-asylum-so-far-in-2015.

7 UNHCR Global Trends, 21.

8 우리는 불법 이민을 포함한 이민 관련 주제에 반응하면서 성경의 가르침을 따라야 한다고 믿어 의심치 않는다. 한편, 이 책에서 보다 집중적으로 다루는 부분은 난민 사안이며, 이민 주제는 난민과 관련해 조금씩 다룰 예정이다. 이민 주제에 관련해 더욱 폭넓은 공부를 위해서는 제니 황 양과 공저한 매튜의 책

을 참고하라. Matthew Soerens and Jenny Hwang Yang, *Welcoming the Stranger: Justice, Compassion & Truth in the Immigration Debate* (Downers Grove, IL: InterVarsity, 2009).

9 "Bloomberg Politics National Poll," Selzer & Company, November 18, 2015, http://www.scribd.com/doc/290213526/Bloomberg-Politics-National-Poll-v3-Nov-18-2015.

2장. 예수 또한 난민이었다

1 "Evangelical Views on Immigration," LifeWay Research, February 2015, http://lifewayresearch.com/files/2015/03/Evangelical-Views-on-Immigration-Report.pdf.
2 Ibid.
3 Matthew Soerens and Jenny Hwang Yang, *Welcoming the Stranger: Justice, Compassion & Truth in the Immigration Debate* (Downers Grove, IL: InterVarsity, 2009), 83.
4 Walter C. Kaiser Jr., "Leviticus," *The New Interpreter's Bible: Genesis to Leviticus*, vol. 1 (Nashville: Abingdon, 1994), 1135.
5 Orlando O. Espín, "Immigration and Theology: Reflections by an Implicated Theologian," *Perspectivas: Occasional Papers* (Hispanic Theological Initiative), no. 10 (Fall 2006): 46–47.
6 LifeWay Research, "Evangelical Views on Immigration."
7 "Church Sign: Christmas: A Story about a Middle East Family Seeking Refuge," KMPS-TV Fox 9, December 8, 2015, http://www.fox9.com/news/56360761-

story.

8 Christine D. Pohl and Ben Donley, "Responding to Refugees: Christian Reflections on a Global Crisis," *Crossroads Monograph Series on Faith and Public Policy* (Wynnewood, PA: Evangelicals for Social Action, 2000), 2.

9 Fleur S. Houston, *You Shall Love the Stranger as Yourself: The Bible, Refugees, and Asylum* (New York: Routledge, 2015), 136.

10 M. Daniel Carroll Rodas, *Christians at the Border: Immigration, the Church, and the Bible* (Grand Rapids: Baker Academic, 2008), 118.

11 본문의 사마리아인은 현재 북미에서 재정착 난민을 돕는 일보다 훨씬 더 큰 위험 요소와 비용이 들어가는 결정을 한 것이다.

12 Carroll Rodas, *Christians at the Border*, 65–71.

13 Russell Moore, *Onward: Engaging the Culture without Losing the Gospel* (Nashville: B&H, 2015), 120.

14 Ibid., 115.

15 인구제한을 강조하며 전체적으로 난민 재정착 및 이민을 강하게 규제하라는 주장을 하는 단체들의 사상적인 뿌리에 대한 분석은 다음을 참고하라. Mario H. Lopez, "Hijacking Immigration," *Human Life Review*, fall 2012, http://www.humanlifereview.com/hijacking-immigration/ and J. C. Derrick, "Friend or Foe?," *WORLD Magazine*, March 9, 2013, http://www.worldmag.com/2013/02/friend_or_foe.

16 가령, 경제학자 알렉스 나우라스테는 미국이민개혁연맹과 이민연구센터에서 발표한 연구에 담긴 경제적인 오류를 신중하게 분석했다. 다음을 참고하라. Alex Nowrasteh, "A Fair Criticism," Competitive Enterprise Institute, October 25, 2011, http://cei.org/sites/default/files/Alex%20Nowrasteh%20-%20WebMemo%20-%20A%20FAIR%20Criticism.pdf. and Alex Nowrasteh, "Center

for Immigration Studies Report Exaggerates Immigrant Welfare Use," *Cato at Liberty*, Cato Institute, September 2, 2015, http://www.cato.org/blog/center-immigration-studies-exaggerates-immigrant-welfare-use.

17　Michael Gerson, "How the Dream Act Transcends Politics," *Washington Post*, December 7, 2010, http://www.washingtonpost.com/wp-dyn/content/article/2010/12/06/AR2010120605406.html.

18　William Cadigan, "Christian Persecution Reached Record High in 2015," CNN, January 17, 2016, http://www.cnn.com/2016/01/17/world/christian-persecution-2015/index.html.

19　Sarah Eekhoff Zylstra, "It's Official: Terrorists Are Now the Persecuted Church's Greatest Threat," *Christianity Today*, October 2015, http://www.christianitytoday.com/gleanings/2015/october/international-religious-freedom-report-2014-state-dept.html.

20　"2014 International Religious Freedom Report: Executive Summary," US Department of State, 2015, http://www.state.gov/documents/organization/238390.pdf, 1.

21　John Kerry, "Remarks on Daesh and Genocide," US Department of State, March 17, 2016, http://www.state.gov/secretary/remarks/2016/03/254782.htm.

22　Sandy Barron et al., *Refugees from Burma: Their Backgrounds and Refugee Experiences* (Washington, DC: Center for Applied Linguistics, Cultural Orientation Resource Center, 2007).

23　"World Watch List 2015: Nigeria #10," *Open Doors*, 2015, https://www.opendoorsusa.org/file_viewer.php?id=1458.

24　Morgan Lee, "Here's Where America's 338,000 Christian Refugees Come From," *Christianity Today*, November 2015, http://www.christianitytoday.com/

gleanings/2015/november/heres-where-americas-338000-christian-refugees-have-come.html.

25 Refugee Processing Center of the US Department of State's Bureau of Population, Refugees, and Migration, http://www.wrapsnet.org/Reports/Interactive Reporting/tabid/393/EnumType/Report/Default.aspx?ItemPath=/rpt_Web ArrivalsReports/MX%20-%20Arrivals%20by%20Nationality%20and%20Religion.

26 Ibid.

27 "Immigrants: A Position Paper of Ethnic America Network," *Ethnic America Network*, 2014, http://ethnicamerica.com/wpv1/wp-content/up-loads/2014/09/EAN-immigrants-paper-September-17-2014.pdf, 3.

28 Enoch Wan, *Diaspora Missiology: Theory, Methodology, and Practice* (Portland, OR: Institute of Diaspora Studies, 2011), 5.

29 J. D. Payne, *Strangers Next Door: Immigration, Migration and Mission* (Downers Grove, IL: InterVarsity, 2012), 63.

30 Pew Research Center, *Global Religious Landscape*, December 18, 2012, http://www.pewforum.org/files/2014/01/global-religion-full.pdf, 49.

31 Gary Barnes, "Why Don't They Listen?," *Christianity Today*, September 2003, http://www.christianitytoday.com/ct/2003/september/2.50.html?share=73kz75mDJQ6OvDxmZHgBLk5NBA12vXkZ.

32 "Manila Manifesto," Lausanne Movement, 1989, https://www.lausanne.org/content/manifesto/the-manila-manifesto.

33 Abby Stocker, "The Craziest Statistic You'll Read about North American Missions," *Christianity Today*, August 19, 2013, http://www.christianitytoday.com/ct/2013/august-web-only/non-christians-who-dont-know-christians.html.

34 Cited in Manya Brachear Pashman, "Wheaton College Could Face Long-Term

Fallout over Professor Controversy," *Chicago Tribune*, February 22, 2016, http://www.chicagotribune.com/news/ct-wheaton-college-professor-fallout-met-20160222-story.html. 설문에 응답한 개신교인 중 아프리카계 미국인이 타 종교인을 알고 있을 확률이 훨씬 높다는 점은 눈여겨볼 만하다. 다른 인종의 그리스도인에 관한 자료는 확인하지 못했다.

35 J. D. Payne, "Pressure Point #5: International Migration," *Missiologically Thinking*, June 6, 2013, http://www.jdpayne.org/2013/06/06/pressure-point-5-international-migration/.

36 Juan Martinez, "Latin American Theology," Wheaton College Theology Conference: Global Theology in Evangelical Perspective, April 7, 2011, http://espace.wheaton.edu/media/wetn/BITH/mp3/110407Martinez.mp3.

37 우리는 이 생각을 무어의 다음 자료에서 참고했다. *Onward: Engaging the Culture without Losing the Gospel*, 206.

38 Ibid., 207.

39 Albert Mohler, "The Briefing," October 22, 2014, http://www.albertmohler.com/?p=33009.

40 Michael Lipka, "A Closer Look at America's Rapidly Growing Religious 'Nones,'" Pew Research Center, May 13, 2015, http://www.pewresearch.org/fact-tank/2015/05/13/a-closer-look-at-americas-rapidly-growing-religious-nones/.

41 Wesley Granberg-Michaelson, "The Hidden Immigration Impact on American Churches," *Washington Post*, September 23, 2013, https://www.washingtonpost.com/national/on-faith/commentary-the-hidden-immigration-impact-on-american-churches/2013/09/23/0bd53b74-2484-11e3-9372-92606241ae9c_story.html.

42 Joseph Castleberry, *The New Pilgrims: How Immigrants Are Renewing America's*

Faith and Values (Franklin, TN: Worthy, 2015), 99.

43 Timothy Tennent, "Christian Perspective on Immigration," Seedbed, June 22, 2011, https://www.youtube.com/watch?v=WHx95cuXpUE&noredirect=1.

44 "Pastor Views on Refugees," LifeWay Research, January 2016, http://lifewayresearch.com/wp-content/uploads/2016/02/Pastor-Views-on-Refugees-Final-Report-January-2016.pdf.

45 "New *LifeWay Research* Finds Widespread Support for Immigration Reform among Pastors," LifeWay Research, November 18, 2014, http://blog.lifeway.com/newsroom/2014/11/18/new-lifeway-research-finds-widespread-support-for-immigration-reform-among-pastors/.

3장. 거기에도 사람이 있다

1 Mary Pipher, *The Middle of Everywhere: The World's Refugees Come to Our Town* (New York: Harcourt, 2002), 331.

2 Chamamanda Ngozi Adichie, "The Danger of a Single Story," TED Talk, October 2009, https://www.ted.com/talks/chimamanda_adichie_the_danger_of_a_single_story/transcript?language=en.

3 이슬람은 예를 들자면 기독교의 가톨릭과 개신교처럼 주로 두 가지 전통, 수니파와 시아파로 나뉜다. 수니파와 시아파는 신학적으로 여러 핵심적인 신앙은 공유하지만, 몇몇 중요한 교리에서 의견이 나뉜다. 특히 수니파는 꾸란과 선지자 무함마드의 가르침에 권위를 두지만, 시아파는 이후 무함마드의 사위 알리와 같은 이들의 가르침 또한 존중한다. 거의 대부분의 무슬림은 수니파이지만, 이란과 이라크 등지에서는 시아파가 다수를 차지하며, 이러한 곳에서 소

수이지만 수니파 또한 중요하게 존재한다.

시리아에서는 수니파 무슬림이 인구의 다수를 차지한다. 수니파 대부분은 아랍어를 사용하며 민족적으로도 아랍인이지만, 수니파의 15퍼센트는 중동 지역에 국가 없이 퍼져 있는 소수 민족인 쿠르드족이다. 아사드 정권은 시아파와 관련된 알라위파이며, 적어도 내전 전까지 시리아 인구의 10분의 1이 조금 넘는 수를 차지했다.

시리아 인구의 또 다른 약 10분의 1은 주로 역사적인 기독교 그룹으로서, 정교회와 가톨릭 전통을 따른다. 시리아 기독교인과 드루즈파와 같은 다른 소수 종교인은 전반적으로 아사드 정권에 의해 보호받아 왔다.

4 Karen Yourish, K. K. Rebecca Lai, and Derek Watkins, "Death in Syria," *New York Times*, September 14, 2015, http://www.nytimes.com/interactive/2015/09/14/world/middleeast/syria-war-deaths.html; Chris York and George Bowden, "Syria Civil War Death Toll Paints a Horrifyingly Complex Picture," *Huffington Post UK*, October 31, 2015, http://www.huffingtonpost.co.uk/2015/10/31/syrian-civil-war-death-_n_8440378.html.

5 Hugh Naylor, "Islamic State Has Killed Many Syrians, but Assad's Forces Have Killed More," *Washington Post*, September 5, 2015, https://www.washingtonpost.com/world/islamic-state-has-killed-many-syrians-but-assads-forces-have-killed-even-more/2015/09/05/b8150d0c-4d85-11e5-80c2-106ea7fb80d4_story.html.

6 Hataipreuk Rkasnuam and Jeanne Batalova, "Vietnamese Immigrants in the United States," *Migration Policy Institute*, August 25, 2014, http://www.migrationpolicy.org/article/vietnamese-immigrants-united-states.

7 Hajer Naili, "100,000 Bhutanese Refugees Resettled: First Family Recall Their Journey to the USA," *International Organization for Migration*, November 19, 2015, http://weblog.iom.int/100000-bhutanese-refugees-resettled-first-family-

recall-their-journey-usa.

8   7장에서 교회와 자원봉사자들이 실질적으로 난민과 관계를 맺을 기회를 어떻게 포착할지에 관해 더욱 자세히 다루겠다.

4장. 우리가 두려워하지 않는 이유

1   "Election 2016 Preview 2016," Barna Group, May 2015, https://www.barna.org/barna-update/culture/719-election-2016-preview-the-faith-factor, 4. See also "Wide Partisan Differences over the Issues That Matter in 2014," Pew Research Center, September 12, 2014, http://www.people-press.org/2014/09/12/wide-partisan-differences-over-the-issues-that-matter-in-2014.

2   Tim Annett, "Illegal Immigrants and the Economy," *Wall Street Journal*, April 13, 2006, http://www.wsj.com/articles/SB114477669441223067.

3   "Is Migration Good for the Economy?" Organization for Economic Cooperation and evelopment, May 2014, http://www.oecd.org/migration/OECD%20Migration%20Policy%20Debates%20Numero%202.pdf, 1.

4   James Pethokoukis, "Dynamic Immigration Scoring: Score One for Cato and Marco Rubio," *AEIdeas*, April 9, 2013, https://www.aei.org/publication/dynamic-immigration-scoring-score-one-for-cato-and-marco-rubio/.

5   Lisa Beilfuss, "Some of Syria's Neighbors See an Economic Boost from Refugees," *Wall Street Journal*, December 31, 2015, http://blogs.wsj.com/economics/2015/12/31/some-of-syrias-neighbors-see-an-economic-boost-from-refugees/.

6   Elizabeth Matsangou, "Refugees Are an Economic Benefit, Not Burden, to

7   Kalena Cortes, "Are Refugees Different from Economic Immigrants? Some Empirical Evidence of the Heterogeneity of Immigrant Groups in the United States," *Institute for the Study of Labor*, March 2004, http://papers.ssrn.com/sol3/papers.cfm?abstract_id=524605.

8   Randy Capps, Kathleen Newland, Susan Fratzke, Susanna Groves, Michael Fix, Margie McHugh, and Gregory Auclair, *The Integration Outcomes of U.S. Refugees: Successes and Challenges* (Washington, DC: Migration Policy Institute, 2015), 16.

9   Paul Hagstrom, "The Fiscal Impact of Refugee Resettlement in the Mohawk Valley," Hamilton College, June 2000, http://www.hamilton.edu/Levitt/pdfs/hagstrom_refugee.pdf.

10 John Cassidy, "The Economics of Syrian Refugees," *The New Yorker*, November 18, 2015, http://www.newyorker.com/news/john-cassidy/the-economics-of-syrian-refugees.

11 Maya Federman, David Harrington, and Kathy Krynski, "Vietnamese Mani-curists: Are Immigrants Displacing Natives or Finding New Nails to Polish?" *Industrial and Labor Relations Review* 59 (January 2006): 315.

12 "Impact of Refugees in Central Ohio: 2015 Report," Community Research Partners, January 2016, http://www.communityresearchpartners.org/wp-content/uploads/2016/01/IMPACT-OF-REFUGEES-ON-CENTRAL-OHIO_2015SP.pdf, 17.

13 Ibid.

14 Brian Solomon, "Google Just Passed Apple as the World's Most Valuable Company," *Forbes*, February 1, 2016, http://www.forbes.com/sites/briansolomon/2016/02/01/google-just-passed-apple-as-the-worlds-most-valuable-company/#4f7e06ab16f9.

15 Stephanie Strom, "Billionaire Aids Charity That Aided Him," *New York Times*, October 24, 2009, http://www.nytimes.com/2009/10/25/us/25donate.html?scp=1&sq=brin&st=cse&_r=0.

16 James Hoffmeier, *The Immigration Crisis: Immigrants, Aliens, and the Bible* (Wheaton, IL: Crossway, 2009), 96.

17 2006년부터 2015년까지의 통계와 다른 모든 인구 관련 정보는 미 국무부 난민 심사센터의 자료에서 인용했다. www.wrapsnet.org.

18 미국 정부가 '그리스도인'으로 분류한 이들은 자가 분류에 따른 것이다. 즉 가톨릭, 정교회 그리고 많은 개신교 종파와 함께 삼위일체를 인정하지 않는 여호와의증인이나 몰몬교와 같이 스스로 그리스도인이라고 생각하는 이들도 포함한다.

19 그동안 시리아에서 오는 그리스도인들은 2016년 초반까지는 꽤 적었으며, 전체에서 일부밖에 안 되었다. 이렇게 된 중요한 이유 하나는 미국 재정착을 위한 난민 심사 과정은 매우 꼼꼼하고 긴 과정이며, 소수의 허가된 시리아 난민(2016년 초반까지 약 2,700명)은 주로 내전 초기인 2011년쯤부터 일찍 바샤르 알 아사드 정권으로부터 피신해 떠나 온 이들이기 때문이다. 알 아사드의 무분별한 폭격은 물론 그리스도인들을 죽이고 궁지로 몰았지만, 그들이 특별히 타깃은 아니었다. 실제로 많은 시리아 그리스도인은 아사드 정권 아래 어느 정도 보호를 받았다. 다에시("이슬람국가", ISIS 또는 ISIL로도 불린다)는 2013년부터 일어났으며, 슬프게도 그리스도인을 목표로 삼았지만, 다에시로부터 도망쳐 나온 그리스도인 대부분은 미국 난민심사 과정을 아직 끝내지 못

한 상황이다.

추가로 이러한 그리스도인 중 많은 수가 터키나 요르단 또는 이집트보다 레바논으로 피신하였지만, 미국 정부는 레바논에 있는 난민 심사를 안전상의 이유로 몇 달간 진행할 수 없는 상황이었다.

또한, 시리아의 그리스도인들은 무슬림보다 경제적으로 넉넉했기에, 미국이나 유럽 혹은 타지로의 여행이 가능한 관광비자를 갖고 있을 가능성이 더 컸다. 이는 주변 국가로 망명 신청을 하려고 위험한 여행을 하지 않아도 된다는 의미였다.

20 "Muslim Americans: No Signs of Growth in Alienation or Support for Extremism," Pew Research Center, August 30, 2011, http://www.people-press.org/files/legacy-pdf/Muslim%20American%20Report%2010-02-12%20fix.pdf, 4.

21 John Azumah, "Challenging Radical Islam: An Explanation of Islam's Relation to Terrorism and Violence," *First Things*, January 2015, http://www.firstthings.com/article/2015/01/challenging-radical-islam.

22 Ed Stetzer, "3 Reasons Christians Should Back Religious Freedom for All," *Religion News Service*, December 30, 2015, http://www.religionnews.com/2015/12/30/3-reasons-christians-back-religious-freedom-commentary/.

23 Afshin Ziafat, "The Cost of Following Christ: One Man's Journey from Islam to Christianity," Ethics and Religious Liberty Commission, April 2, 2015, https://www.youtube.com/watch?v=xFO6GRMa7mc&feature=youtu.be.

24 Robert Farley, "9/11 Hijackers and Student Visas," May 10, 2013, FactCheck.org, http://www.factcheck.org/2013/05/911-hijackers-and-student-visas.

25 Abigail Abrams, "Paris Attacks 2015: Named Terrorists All European Nationals, Not Syrian Refugees," *International Business Times*, November 19, 2015, http://www.ibtimes.com/paris-attack-2015-named-terrorists-all-european-nationals-not-

syrian-refugees-2191677; Alissa J. Rubin and Rick Gladstone, "Brussels Attack Lapse Acknowledged by Belgian Officials," *New York Times*, March 24, 2016, http://www.nytimes.com/2016/03/25/world/europe/brussels-attacks.html. 이 책이 인쇄될 당시에는 사건의 용의자 신분이 완전히 드러나지 않은 시점이었다.

26 Jack Healy, "Visa Form Adds Details on How San Bernardino Attacker Met Wife," *New York Times*, December 22, 2015, http://www.nytimes.com/2015/12/23/us/san-bernardino-attacker-described-on-visa-forms-how-he-met-wife.html.

27 National Association of Evangelicals, "NAE Calls for Continued Resettlement of Refugees," November 17, 2015, http://nae.net/nae-calls-for-continued-resettlement-of-refugees/.

28 Evan Perez, "FBI Director James Comey Balks at Refugee Legislation," CNN, November 19, 2015, http://www.cnn.com/2015/11/19/politics/fbi-director-james-comey-refugee-legislation/index.html.

29 Jeremy Diamond, "Entering the U.S. as Refugees Would Be the Hardest Way for Would-Be Terrorists," CNN, November 20, 2015, http://www.cnn.com/2015/11/20/politics/paris-attack-refugee-visa-waiver/.

30 Mark Johanson, "US Received Record Number of Visitors in 2012 Thanks to These 15 Countries," *International Business Times*, June 11, 2013, http://www.ibtimes.com/us-received-record-number-visitors-2012-thanks-these-15-countries-1300347.

31 Alex Nowrasteh, "Syrian Refugees Don't Pose a Serious Security Threat," *Cato at Liberty*, November 18, 2015, http://www.cato.org/blog/syrian-refugees-dont-pose-serious-security-threat.

32 Ibid.

33 "Homegrown Extremism 2001–2015," New America, August 2015, http://

securitydata.newamerica.net/extremists/analysis.html.

34 Ibid.

35 David Bier, "The Boston Bombers Were Not Refugees—Neither Was the Paris Attacker," Niskanen Center, November 17, 2015, https://niskanencenter.org/blog/the-boston-bombers-were-not-refugees-neither-was-the-paris-attacker/.

36 Jessica Zuckerman, Steven Bucci, and Jame Jay Carafano, "60 Terrorist Plots since 9/11: Continued Lessons in Domestic Counterterrorism," The Heritage Foundation, July 22, 2013, http://www.heritage.org/research/reports/2013/07/60-terrorist-plots-since-911-continued-lessons-in-domestic-counterterrorism.

37 Morgan Lee, "Morocco Declaration: Muslim Nations Should Protect Christians from Persecution," *Christianity Today*, January 27, 2016, http://www.christianitytoday.com/gleanings/2016/january/marrakesh-declaration-muslim-nations-christian-persecution.html.

38 Jacquelien van Stekelenburg and Bert Klandermans, "Radicalization," *Identity and Participation in Culturally Diverse Societies*, ed. A. E. Azzi, X. Chrys-sochoou, B. Klandermans, and B. Simon. (Oxford: Wiley-Blackwell, 2010), 184. See also Kamaldeep Bhui, Sokratis Dinos, and Edgar Jones, "Psychological Process and Pathways to Radicalization," *Journal of Bioterrorism and Biodefense*, 2012, http://www.omicsonline.org/psychological-process-and-pathways-to-radicalization-2157-2526.S5-003.pdf.

39 Rich Stearns, GC2 Summit Leadership Meeting, Billy Graham Center for Evangelism at Wheaton College, December 17, 2015.

40 "Crime Statistics," Federal Bureau of Investigation, https://www.fbi.gov/stats-services/crimestats; "Homegrown Extremism 2001–2015," New America.

41 C. S. Lewis, *The Lion, the Witch, and the Wardrobe* (New York: HarperCollins,

1978), 80. (「사자와 마녀와 옷장」, 시공주니어, 2001).

5장. 난민 재정착 과정: 이방인에서 가족으로

1 Jamie Dean, "Who Is My Neighbor?," *WORLD Magazine*, November 14, 2014, http://www.worldmag.com/2015/10/who_is_my_neighbor/.

2 Richard Fausset, "Refugee Crisis in Syria Raises Fears in South Carolina," *New York Times*, September 25, 2015, http://www.nytimes.com/2015/09/26/us/refugee-crisis-in-syria-raises-fears-in-south-carolina.html.

3 Refugee Processing Center of the US Department of State's Bureau of Population, Refugees, and Migration, http://www.wrapsnet.org.

4 United Nations High Commissioner for Refugees, *UNHCR Resettlement Handbook*, 2011, http://www.unhcr.org/cgi-bin/texis/vtx/home/opendocPDFViewer.html?docid=46f7c0ee2&query=resettlement%20handbook, 28.

5 "UNHCR Global Trends: Forced Displacement in 2014," United Nations High Commissioner for Refugees, 2–3.

6 Ibid.

7 United Nations High Commissioner for Refugees, *UNHCR Resettlement Handbook*, 36.

8 "What We Do," United Nations High Commissioner for Refugees, http://www.unrefugees.org/what-we-do/.

9 "The 1972 Burundians," Center for Applied Linguistics, Cultural Orientation Resource Center, March 2007, http://www.rescue.org/sites/default/

files/migrated/where/united_states_salt_lake_city_ut/1972-burundians-backgrounder-3-29-07.pdf.

10 2014년, 탄자니아는 1972년에 본국을 떠난 약 20만 명의 남아 있는 부룬디 난민과 자녀들에게 시민권을 부여하는 데에 동의했으며, 이는 현지 통합의 드문 사례로 볼 수 있다. http://www.unhcr.org/544100746.html 참고.

11 United Nations High Commissioner for Refugees, *UNHCR Resettlement Handbook*, 17.

12 Ibid., 37.

13 다른 여덟 곳은 미국주교회의(US Conference of Catholic Bishops), 기독교세계봉사회(Church World Service), 루터교이민난민서비스(Lutheran Immigration and Refugee Service, 성공회이주사역회(Episcopal Migration Ministries), 유대인이민지원협회(Hebrew Immigrant Aid Society), 국제구조위원회(International Rescue Committee), 미국난민이민위원회(US Committee for Refugees and Immigrants), 그리고 에티오피아지역사회개발회(Ethiopian Community Development Council)이다. 이들 연락처와 월드릴리프 미국 지역 사무소 연락처는 부록을 참고하라.

14 Daniel C. Martin and James E. Yankay, "Annual Flow Report: Refugees and Asylees: 2013," US Department of Homeland Security Office of Immigration Statistics, August 2014, http://www.dhs.gov/sites/default/files/publications/ois_rfa_fr_2013.pdf, 4.

15 미화 2,025달러의 난민 수당은 2016 회계년도에 해당하며, 변경될 수 있다.

16 "UNHCR Global Trends: Forced Displacement in 2014," United Nations High Commissioner for Refugees, 22.

17 Benjamin Bathke, "How Canada and the U.S. Compare on Syrian Refugees," Canadian Broadcasting Corporation, December 2, 2015, http://www.cbc.ca/news/

canada/syrian-refugees-canada-united-states-comparison-1.3340852.

18 "Snapshot," Refugee Council of Australia, http://www.refugeecouncil.org.au/resources/statistics/snapshot/.

19 "Where Can I Obtain Humanitarian Settlement Services (HSS) Assistance?," Australian Government Department of Immigration and Citizenship, https://www.dss.gov.au/sites/default/files/documents/12_2013/hss_providers_book-let_access.pdf.

20 Tim Costello, "Australia's Humanity Is the Casualty of Repugnant Asylum Politics," World Vision Australia, August 16, 2013, https://www.worldvision.com.au/media-center/resource/australia's-humanity-is-the-casualty-of-repugnant-asylum-politics.

21 Pamela Duncan, "More than 1 Million People Have Sought EU Asylum So Far in 2015," The *Guardian*, December 9, 2015, http://www.theguardian.com/world/2015/dec/09/more-than-1-million-people-have-sought-eu-asylum-so-far-in-2015.

22 United Nations High Commissioner for Refugees, "EU Resettlement Fact Sheet," http://www.unhcr.org/524c31b69.html.

23 Christine Pohl, *Making Room: Recovering Hospitality as a Christian Tradition* (Grand Rapids: Eerdmans, 1999), 36.

24 Timothy Keller, *Generous Justice: How God's Grace Makes Us Just* (New York: Penguin, 2010), 52. (「팀 켈러의 정의란 무엇인가」, 두란노, 2012).

25 Soong-Chan Rah, Mission on Your Doorstep conference, Wheaton Bible Church, West Chicago, IL, March 5, 2010.

26 Jamie Dean, "Who Is My Neighbor?"

6장. 다른 부류의 실향민들

1. Olivier Laurent, "Haiti Earthquake: Five Years Later," *TIME*, January 12, 2015, http://time.com/3662225/haiti-earthquake-five-year-after/.

2. Quoted in Scott Kraft, "Haitians Prepare for Boat Journey to Florida," *Los Angeles Times*, February 7, 2010, http://articles.latimes.com/2010/feb/07/world/la-fg-haiti-boats7-2010feb07.

3. Ibid. See also Joel Millman, "U.S. Lets Illegal Haitians Stay, Will Turn Back Refugees," *Wall Street Journal,* January 16, 2010, http://www.wsj.com/articles/SB10001424052748703657604575005233703955158; Russell Contreras, "Boston-Area Catholic Schools Welcome Haitian Refugees," *USA TODAY*, February 28, 2010, http://usatoday30.usatoday.com/news/religion/2010-04-28-haiti-catholic_N.htm; Laurie Ure, "U.S. Prepares Guantanamo Bay for Possible Influx of Haitians," CNN, January 21, 2010, http://www.cnn.com/2010/WORLD/americas/01/21/haiti.guantanamo/.

4. "Irregular Migrant, Refugee Arrivals in Europe Top One Million in 2015: IOM," International Organization for Migration, December 22, 2015, http://www.iom.int/news/irregular-migrant-refugee-arrivals-europe-top-one-million-2015-iom.

5. "How Many Migrants to Europe Are Refugees?," *The Economist*, September 7, 2015, http://www.economist.com/blogs/economist-explains/2015/09/economist-explains-4.

6. 이민자라는 용어는 고국을 떠나 타국에 사는 모두를 칭하기 때문에, 난민 또한 이민자의 범주에 속한다. 하지만 모든 이민자가 난민은 아니다. 모든 침례교인이 그리스도인이라는 큰 범주에 속하지만, 모든 그리스도인이 침례교인은 아니듯 말이다.

7   Refugee Act of 1980 (Public Law 96-212), Title II, United States Government Printing Office, March 17, 1980, https://www.gpo.gov/fdsys/pkg/STATUTE-94/pdf/STATUTE-94-Pg102.pdf. 미국 난민법에 상기된 정의는 1951년 난민조약에서 빌려왔는데, 이 조약은 제2차 세계 대전이 끝난 후 유럽 난민 사태에 대응하여 만들어진 조약이다. 후에 1967년 난민 지위에 관한 의정서에서는 난민의 의미를 전후 상황을 뛰어넘어 확장했으며, 거의 모든 유럽국가, 캐나다, 호주, 미국을 포함해 146개 국가가 관련되어 있다.

8   미국법이 규정한 난민에 관한 정의는 국제법의 정의보다 조금 더 유연하다. 대통령에 의해 "특정한 상황"이 정의되면 본국에 남아 있는 경우라 해도 포함할 수 있기 때문이다. 미국은 최근에 이를 적용해, 쿠바, 이라크, 전 소비에트연방국 그리고 중앙아메리카 등 몇몇 국가 출신의 개인을 포함했다.

9   "Country Operations Profile: Syrian Arab Republic," United Nations High Commissioner for Refugees, June 2015, http://www.unhcr.org/pages/49e486a76.html.

10 "'Faithful, Do Not Leave Syria!': Patriarchs' Message, Rallied around the Pope," *Agenzia Fides*, September 14, 2012, http://www.fides.org/en/news/32219?idnews=32219&lan=eng#.VoqWdPkrLLs.

11 Duncan, "More than 1 Million People Have Sought EU Asylum So Far in 2015."

12 Ted Robbins, "Little Known Immigration Mandate Keeps Detention Beds Full," NPR, November 19, 2013, http://www.npr.org/2013/11/19/245968601/little-known-immigration-mandate-keeps-detention-beds-full.

13 "Detained Asylum Seekers: Fiscal Year 2009 and 2010 Report to Congress," US Immigration and Customs Enforcement, August 20, 2012, https://www.ice.gov/doclib/foia/reports/detained-asylum-seekers2009-2010.pdf, 4, 8–9. 평균 수용 기간은 회계년도 2010년 동안 비호신청자들이 사용한 침대수(1,233,286대)를

전체 수용된 비호신청자들로 나누어 구했다.

14 "Study: Private Prison Firms Spend Millions to Ensure Steady Supply of Undocumented Immigrants," Fox News Latino, April 21, 2015, http://latino.foxnews.com/latino/news/2015/04/21/private-prison-firms-spend-millions-to-ensure-steady-supply-of-undocumented-immigrants-study-says/.

15 Garance Burke and Laura Wides-Munoz, "Immigrants Prove Big Business for Prison Companies," Associated Press, August 2, 2012, http://news.yahoo.com/immigrants-prove-big-business-prison-companies-084353195.html.

16 "The Math of Immigration Detention," National Immigration Forum, August 2013, https://immigrationforum.org/wp-content/uploads/2014/10/Math-of-Immigration-Detention-August-2013-FINAL.pdf, 3.

17 Ivan Moreno, "Detained Immigrants Sue over Getting $1 Per Day for Work," Associated Press, July 10, 2015, http://bigstory.ap.org/article/9bd9c856a08745f68c151d7c1e2bf172/lawsuit-immigrants-got-1-day-work-private-prison.

18 Rex Dalton, "A Window into the World of Immigration Detainees," *The Voice of OC*, January 24, 2013, http://voiceofoc.org/2013/01/a-window-into-the-world-of-immigration-detainees/.

19 "Assessing the U.S. Government's Detention of Asylum Seekers," US Com-mission on International Religious Freedom, April 2013, http://www.uscirf.gov/sites/default/files/resources/ERS-detention%20reforms%20report%20April%202013.pdf, 1.

20 "Immigration Detention: Additional Action Could Strengthen DHS Efforts to Address Sexual Abuse," US Government Accountability Office, November 2013, http://www.gao.gov/assets/660/659145.pdf.

21 "Lives in Peril: How Ineffective Inspections Make ICE Complicit in Immigration

Detention Abuse," National Immigrant Justice Center and Detention Watch Network, October 2015, http://immigrantjustice.org/sites/immigrantjustice.org/files/THR-Inspections-FOIA-Report-October-2015-FINAL.pdf, 2.

22 단티카 목사의 이야기는 그의 조카인 아이티계 미국인 소설가 에드위지 단티캣의 다음 책에 자세히 소개되어 있다. *Brother, I'm Dying* (New York: Alfred A. Knopf, 2007).

23 "'At Least Let Them Work': The Denial of Work Authorization and Assistance for Asylum Seekers in the United States," Human Rights Watch, 2013, http://www.rcusa.org/uploads/pdfs/us1113_asylum_forUPload.pdf.

24 Martin and Yankay, 6.

25 "FY 2014 Statistics Yearbook," US Department of Justice Executive Office for Immigration Review, March 2015, http://www.justice.gov/eoir/pages/attachments/2015/03/16/fy14syb.pdf, K2.

26 Ibid., J1; Martin and Yankay, 5.

27 Kate M. Manuel, "Asylum and Gang Violence: Legal Overview," Congressional Research Service, September 5, 2014, https://www.fas.org/sgp/crs/homesec/R43716.pdf, 17.

28 미국 국무부의 2016년 2월 비자 공지에 의하면, 미국 시민에 의한 멕시코인 형제자매의 혈연 시민권 신청 처리(신청자의 배우자와 자녀도 혜택에 포함)는 1997년 4월 1일에 머물러 있다.

29 Lauren Carasik, "Brutal Borders: Mexico's Immigration Crackdown—And How the United States Funds It," *Foreign Affairs*, November 4, 2015, https://www.foreignaffairs.com/articles/mexico/2015-11-04/brutal-borders.

30 "Children on the Run," United Nations High Commissioner for Refugees, July 2014, http://www.unhcrwashington.org/sites/default/files/1_UAC_Children%20

on%20the%20Run_Full%20Report.pdf, 6.

31　Matthew Soerens, "How Churches Can Respond to the Unaccompanied Children Crisis," *Leadership Journal*, August 5, 2014, http://www.christianitytoday.com/le/2014/august-online-only/how-churches-can-respond-to-unaccompanied-children-crisis.html?paging=off.

32　Sonia Nazario, "The Children of the Drug Wars," *New York Times*, July 11, 2014, http://www.nytimes.com/2014/07/13/opinion/sunday/a-refugee-crisis-not-an-immigration-crisis.html.

33　"Representation for Unaccompanied Children in Immigration Court," Transactional Access Records Clearinghouse, Syracuse University, November 25, 2014, http://trac.syr.edu/immigration/reports/371/.

34　"El Salvador Becomes World's Most Deadly Country outside a War Zone," *The Telegraph*, January 5, 2015, http://www.telegraph.co.uk/news/worldnews/centralamericaandthecaribbean/elsalvador/12083903/El-Salvador-becomes-worlds-most-deadly-country-outside-a-war-zone.html.

35　Sibylla Brodzinsky and Ed Pilkington, "US Government Deporting Central American Migrants to Their Deaths," *The Guardian*, October 12, 2015, http://www.theguardian.com/us-news/2015/oct/12/obama-immigration-deportations-central-america.

36　Quoted in Cathy Lynn Grossman, "Rick Warren Speaks Up on Compassion, Politics, 'Big' Churches," *USA TODAY*, September 21, 2009, http://content.usatoday.com/communities/Religion/post/2009/09/rick-warren-lords-prayer-compassion-illegal-immigration/1#.Voy80_krLVY.

7장. 지금이 바로 교회가 나설 때

1. Tom Porter, "Refugee Crisis: Germany Has Received More than 1 Million Migrants in 2015," *International Business Times*, December 10, 2015, http://www.ibtimes.co.uk/refugee-crisis-germany-has-received-over-1-million-migrants-2015-1532674.

2. Randy Capps, Kathleen Newland et al, *The Integration Outcomes of U.S. Refugees* (Washington, DC: Migration Policy Institute, 2015), 11.

3. Tim Swarens, "The World Comes to Nora—for Christmas," *Indianapolis Star*, December 19, 2015, http://www.indystar.com/story/opinion/columnists/tim-swarens/2015/12/19/swarens-world-comes-nora-christmas/77553590/.

4. Alsegul Aydingun, Cigdem Balim Harding, Matthew Hoover, Igor Kuznetzov, and Steve Swerdlow, *Meskhetian Turks: An Introduction to Their History, Culture, and Resettlement Practices* (Washington, DC: Center for Applied Linguistics, 2006).

5. 전문의에게 확인된 의료적인 장애가 있는 경우나 미국에 적어도 15년 이상 거주했으며 55세가 넘는 이들 또는 최소 50세이며 미국에 20년 이상 거주한 경우에는 영어 시험을 필수로 치르지 않아도 된다.

6. "Changes in U.S. Family Finances from 2010 to 2013: Evidence from the Survey of Consumer Finances," *Federal Reserve Bulletin* 100, no. 4 (September 2014): 12. http://www.federalreserve.gov/pubs/bulletin/2014/pdf/scf14.pdf.

7. Thomas Boehm and Alan Schlottmann, "Does Home Ownership by Parents Have an Economic Impact on Their Children?," *Journal of Housing Economics* 8, no. 3 (September 1999): 228.

8장. 최고의 치유 경험은 관례를 통해 온다

1 Steve Corbett and Brian Fikkert, *When Helping Hurts: Alleviating Poverty without Hurting the Poor . . . and Yourself* (Chicago: Moody, 2009). (「헬프」, 국제제자훈련원, 2014).

2 Thomas Elbert and Maggie Schauer, "Burnt into Memory," *Nature* 412 (2002): 883.

3 Thomas Elbert, Roland Weierstall, and Maggie Schauer, "Fascination Violence: On Mind and Brain of Man Hunters," *European Archives of Psychiatry and Clinical Neuroscience* 260, no. S2 (2010): 100–05.

4 Charles R. Figley, "Toward a Field of Traumatic Stress," *Journal of Traumatic Stress* 1, no. 1 (1988): 3–16.

5 Lars Weisaeth, "The European History of Psychotraumatology," *Journal of Traumatic Stress* 15, no. 6 (2002): 443–452.

6 United Nations High Commissioner for Refugees, *Resettlement Handbook* (2002), 236.

7 Alexander McFarlan, M. Atchison, E. Rafalowicz, and P. Papay, "Physical Symptoms in Post-traumatic Stress Disorder," *Journal of Psychosomatic Research* 38, no. 7 (1994): 715–26.

8 D. J. Somasundaram, *Child Trauma* (Jaffna: University of Jaffna, Sri Lanka, 1993); Ronald C. Kessler, "Posttraumatic Stress Disorder in the National Comorbidity Survey," *Archives of General Psychiatry* 52, no. 12 (1995): 1048–60.

9 *Diagnostic and Statistical Manual of Mental Disorders: DSM-5* (Washington, DC: American Psychiatric Association, 2013).

10 Chris R. Brewin, "A Cognitive Neuroscience Account of Posttraumatic Stress Disorder and Its Treatment," *Behaviour Research and Therapy* 39, no. 4 (2001):

373–93.

11 E. B. Foa et al., "Arousal, Numbing, and Intrusion: Symptom Structure of PTSD Following Assault," *American Journal of Psychiatry*, no. 152 (1995): 116–20.

12 Chris R. Brewin, Tim Dalgleish, and Stephen Joseph, "A Dual Representation Theory of Posttraumatic Stress Disorder," *Psychological Review* 103, no. 4 (1996): 670–86.

13 Larry R. Squire, "Declarative and Nondeclarative Memory: Multiple Brain Systems Supporting Learning and Memory," in D. L. Schacter & E. Tulving, eds., *Memory Systems* (Cambridge, MA: MIT Press, 1994), 207–28.

14 Anke Ehlers and David M. Clark, "A Cognitive Model of Posttraumatic Stress Disorder," *Behaviour Research and Therapy* 38, no. 4 (2000): 319–45.

15 Endel Tulving, "Episodic Memory and Common Sense: How Far Apart?" *Philosophical Transactions of the Royal Society B: Biological Sciences* 356, no. 1413 (2001): 1505–515.

16 P. J. Lang, "The network model of emotion: Motivational connections," in Thomas K. Srull and Robert S. Wyer, *Advances in Social Cognition* (Hillsdale, NJ: Lawrence Erlbaum Associate, 1993).

17 인지 치료, 내러티브 노출 치료(NET), 그리고 안구운동 민감소실 및 재처리 요법(EMDR) 등은 효과적인 치료법으로 알려져 있다.

18 Lisa McCann and Laurie Anne Pearlman, "Vicarious Traumatization: A Framework for Understanding the Psychological Effects of Working with Victims," *Journal of Traumatic Stress* 3 (1990): 1–5.

19 Stella Ting-Toomey, *Communicating across Cultures* (New York: Guilford, 1999), 10.

20 Gary R. Weaver, "Understanding and Coping with Cross-Cultural Adjustment

Stress," in Gary R. Weaver, ed., *Culture, Communication and Conflict: Readings in Intercultural Relations* (New York: Simon & Schuster, 1998), 200.

21 C. G. Wrenn, "Afterword: The Culturally Encapsulated Counselor Revisited," in Paul Pedersen, *Handbook of Cross-Cultural Counseling and Therapy* (Westport, CT: Greenwood, 1985), 323–30.

22 Geert Hofstede, Gert Jan Hofstede, Michael Minkov, *Cultures and Organizations: Software of the Mind*, 3rd ed. (New York: McGraw-Hill USA, 2010), 90–91.

23 Ross Hammond and Robert Axelrod, "The Evolution of Ethnocentrism," *Journal of Conflict Resolution* 50, no. 6 (December 2006): 1.

24 Cited in Karen South Moustafa, "Differences in the Use of Media across Cultures," *Encyclopedia of Virtual Communities and Technologies*, ed. Subhasish Dasgupta (Hershey, PA: Idea Group, 2006), 131.

25 M. R. Hammer, "The Intercultural Conflict Style Inventory: A Conceptual Framework and Measure of Intercultural Conflict Approaches," *International Journal of Intercultural Research* 29 (2005): 675–95.

26 Ibid.

27 *Making Your Way: A Reception and Placement Orientation Curriculum* (Washington, DC: Cultural Orientation Resource Center, 2013).

28 Matthew Nelson, Julia Meredith Hess, Brian Isakson, and Jessica Goodkind, "Seeing the Life: Redefining Self-Worth and Family Roles among Iraqi Refugee Families Resettled in the United States," *Journal of International Migration and Integration* (2015): 1–16.

29 Psychologists refer to this as a "corrective emotional experience." See F. Alexander, "Zur Genese des Kastrationskomplexes," *Internationale Zeitschift für Psychoanalyse* XVI Band (1930), (English transl. by C. F. Menninger, "Concerning

the Genesis of the Castration Complex," *Psychoanalytic Review* XXII [1935]: 1.)

9장. 난민이 발생하는 더 큰 맥락에 대응하기

1   "UNHCR Global Trends: Forced Displacement in 2014," United Nations High Commissioner for Refugees.
2   Elena Fiddian-Qasmiyeh et al., *The Oxford Handbook of Refugee and Forced Migration Studies* (Oxford: Oxford University Press, August 24, 2014), Kindle location 8258–360.
3   Susan Martin et al., *Humanitarian Crises and Migration: Causes, Consequences and Responses* (New York: Routledge, 2014), Kindle location 427.
4   Olivier Laurent, "Haiti Earthquake: Five Years Later."
5   US Geological Survey, "Earthquake Information for 2010," October 30, 2012, http://earthquake.usgs.gov/earthquakes/eqarchives/year/2010/.
6   Mark Thiessen, "Magnitude-7.1 Quake Jolts Alaska; 4 Homes Lost," Associated Press, January 24, 2016, https://www.apnews.com/3c51faed18ce46b68c4cb7d889a5ae20
7   Susan Martin et al., *Humanitarian Crises and Migration: Causes, Consequences and Responses*, Kindle location 8350.
8   Paul Hiebert, *Transforming Worldviews: An Anthropological Understanding of How People Change* (Grand Rapids: Baker, 2008), Kindle location 501.
9   Yale University Genocide Studies Program, "Cambodian Genocide Program," http://gsp.yale.edu/case-studies/cambodian-genocide-program.
10 Corbett and Fikkert, *When Helping Hurts*, 53.

11 Deepa Narayan, *Voices of the Poor: Can Anyone Hear Us?* (Oxford: Oxford University Press, 2002), 2.
12 Bryant Myers, *Walking with the Poor* (Maryknoll, NY: Orbis, 1999), 76.
13 "Syria Refugees: UN Warns of Extreme Poverty in Jordan," British Broad-casting Corporation, January 14, 2015, http://www.bbc.com/news/world-middle-east-30815084.
14 "48 Women Raped Every Hour in Congo, Study Finds," CBS News, May 11, 2011, http://www.cbsnews.com/news/48-women-raped-every-hour-in-congo-study-finds/.
15 Heather Harvey, "Rape Is Cheaper than Bullets," *The Guardian*, February 24, 2009, http://www.theguardian.com/commentisfree/2009/feb/24/warcrimes-congo.
16 Nicholas D. Kristof and Sheryl WuDunn, *Half the Sky: Turning Oppression into Opportunity for Women Worldwide* (New York: Alfred A. Knopf, 2009), 86. (「절망 너머 희망으로」, 에이지21, 2010).
17 Ibid., 109.
18 Keller, *Generous Justice*, 10.
19 Nicholas Wolterstorff, *Justice: Rights and Wrongs* (Princeton, NJ: Princeton University Press, 2007), Kindle location 55.
20 예를 들어 누가복음 4장 18-19절의 예수님의 선포를 보라. "주의 성령이 내게 임하셨으니 이는 가난한 자에게 복음을 전하게 하시려고 내게 기름을 부으시고 나를 보내사 포로 된 자에게 자유를, 눈 먼 자에게 다시 보게 함을 전파하며 눌린 자를 자유롭게 하고 주의 은혜의 해를 전파하게 하려 하심이라 하였더라."
21 Stephan addresses these dynamics of global poverty and injustice in more depth in *Possible: A Blueprint for Changing How We Change the World* (Portland, OR:

Multnomah, 2015).

22 US State Department Bureau of Democracy, Human Rights, and Labor, "Cambodia," *International Religious Freedom Report 2007*, http://go.usa.gov/3pHwh.

10장. 우리가 할 수 있는 일

1   Mike Lanchin, "SS St Louis: The Ship of Jewish Refugees No One Wanted," *BBC World Service*, May 13, 2014, http://www.bbc.com/news/magazine-27373131.
2   Rafael Medoff, "Anne Frank Was Barred, but Her Tree Made It to the U.S.," *Arutz Sheva*, April 7, 2013, http://www.israelnationalnews.com/Articles/Article.aspx/13103#.VpblfvkrLVZ.
3   Ibid.
4   Noel Castellanos, *Where the Cross Meets the Street: What Happens to the Neighborhood When God Is at the Center* (Downers Grove, IL: InterVarsity, 2015), 136.
5   Alexa Ura, "Halt All Refugee Resettlement, Two Texas Congressmen Say," *Texas Tribune*, November 18, 2015, http://www.texastribune.org/2015/11/18/two-texas-congressmen-want-stop-all-refugee-resett/.
6   Martin Luther King Jr., "Beyond Vietnam," April 4, 1967, http://kingencyclo-pedia.stanford.edu/kingweb/publications/speeches/Beyond_Vietnam.pdf, 9.
7   Tim Keller, "The Beauty of Biblical Justice," *By Faith*, October 26, 2010, http://byfaithonline.com/the-beauty-of-biblical-justice/.

8   Amy E. Black, "The Cure for Election Madness: How to Be Political without Losing Your Soul," *Christianity Today*, January 6, 2012, http://www.christianitytoday.com/ct/2012/january/election-madness.html?share=2PzPL0AwlYH9zOrD7BfFLCt4EM4UlW17. 이 주제에 관해 더 관심 있다면, 다음 자료를 참고하라. Amy Black, *Honoring God in Red or Blue: Approaching Politics with Humility, Grace, and Reason* (Chicago: Moody, 2012).

9   미국 정부가 전 세계 난민을 지금보다 더 많이 수용하면서 다른 정부에게 난민과 비호신청자를 더 많이 받으라는 설득을 할 때 더 무게가 실릴 것이다. 몇몇 정부는 미국보다 훨씬 더 많은 난민과 비호신청자를 수용한다.

10 "A Christian Declaration on Caring for Refugees: An Evangelical Response," GC2 Summit, December 17, 2015, http://www.gc2summit.com/statement/.

11 "Letter to Members of Congress," Evangelical Immigration Table, December 2, 2015, http://evangelicalimmigrationtable.com/cms/assets/up-loads/2015/12/EIT-Syrian-refugee-letter.pdf.

12 "Letter to Senators Durbin and Kirk," Evangelical Immigration Table, December 17, 2015, http://evangelicalimmigrationtable.com/cms/assets/up-loads/2015/12/Dec-2015-IL-Pastors-Letter-on-Refugees.pdf.

13 Alexia Salvatierra and Peter Heltzel, *Faith-Rooted Organizing: Mobilizing the Church in Service to the World* (Downers Grove, IL: InterVarsity, 2014), 111.

14 Russell Moore, "Stop Pitting Security and Compassion against Each Other in the Syrian Refugee Crisis," *Washington Post*, November 19, 2015, https://www.washingtonpost.com/news/acts-of-faith/wp/2015/11/19/stop-pitting-security-and-compassion-against-each-other-in-the-syrian-refugee-crisis/.

15 Quoted in Diane Smith, "Syrian Refugees: DFW Clergy Weigh in on What Jesus Would Do," *Fort Worth Star-Telegram*, November 20, 2015, http://www.star-

telegram.com/news/local/community/fort-worth/article45607614.html.
16 Jonathan Serrie, "Popular Georgia Evangelical Pastor Criticized Anti-Refugee Politics," Fox News, December 21, 2015, http://www.foxnews.com/us/2015/12/21/popular-georgia-evangelical-pastor-criticizes-anti-refugee-politics.html.

11장. 세상에서 빛을 발할 기회

1 Ronald Reagan, "Farewell Address to the Nation," January 11, 1989, http://www.reagan.utexas.edu/archives/speeches/1989/011189i.htm.
2 Emma Lazarus, "The New Colossus," in *Selected Poems*, ed. John Hollander (New York: Library of America, 2005), 58.
3 "Mixed Views of Initial US Response to Europe's Migrant Crisis," Pew Research Center, September 29, 2015, http://www.people-press.org/2015/09/29/mixed-views-of-initial-u-s-response-to-europes-migrant-crisis/.
4 "Pastor Views on Refugees," LifeWay Research.
5 Ibid.

옮긴이의 말

◆

　내가 사는 미국 조지아주 애틀랜타 인근에는 규모는 작지만, 세간의 많은 주목을 받는 곳이 있다. 바로 '미국 내에서 인종적, 문화적으로 가장 다채로운 동네'라는 별칭으로 불리는 클락스톤 시다. 클락스톤은 인구 약 12,000명 정도 규모의 작은 동네이지만, 지난 25년간 전 세계에서 발생한 약 40,000명의 난민에게 새로운 삶의 보금자리가 된 곳이기도 하다. 여의도만 한 면적의 도시 안에서는 40여 개 국적을 가진 수많은 이들이 매일 60여 개의 언어로 소통하며 살아간다. 이곳에서 나와 아내는 다양한 나라에서 온 난민 출신 가정의 학생들을 교육하는 일을 하고 있다.
　클락스톤은 시내를 관통하는 철길 주변으로 이국적인 상가들이 밀집해 있고, 맞은편으로는 불교 사찰, 이슬람 사원과 다양한 종파의 교회들이 들어서 있다. 그리고 그 뒤로는 90년대부터 정착한 난민들이 모여 사는 아파트 단지들이 자리 잡고 있다. 히잡을 쓴 중동 여성들과 버마 소수 민족 고유의 전통 의상을 입은 가족들이 한 아파트 단지 안에서 모여 사는 모습을 보면 여기가 어디인지 헷갈릴 정도다. 이들이 가져다주는 문화적인 다채로움과 이색적인 경험들 때문에 클락스톤 시는 단 몇 발자국으로 전 세계를 누빌 수 있는 곳이 되었다. 네팔 출신 셰프가 요리해 주는 히말라야 음식이나 에리트레아 출신 사장님의 케밥을 맛볼 수 있으며, 후식으로 '레퓨지(Refuge: 피난처, 쉼터) 커피'에서 시리아 출신 바리스타가 선사하는 따뜻한 차이라떼 한 잔을 마시며 콩고 출신 친구와 담소를 즐길 수 있다.

이곳에서 드려지는 예배 또한 특별하다. 다민족 예배공동체인 '프로스쿠네오'(Proskuneo)에서는 도미니카 공화국에서 자란 미국인 목사와 미국에서 자란 한국인 선교사가 다양한 민족이 한자리에 모인 가운데 함께 아랍어, 스와힐리어, 영어, 한국어 등으로 찬양과 예배를 인도하며, "각 나라와 족속과 백성과 방언에서"(계 7:9) 한마음으로 하나님을 기뻐하고 찬양하는, 사도 요한이 본 환상을 실제로 경험하게 한다.

이처럼 클락스톤은 '다름'이 만들어 내는 하모니를 경험할 수 있는 곳이다. 하지만 이곳 또한 이러한 환경이 조성되기까지 많은 어려움이 있었다. 난민 출신 주민의 유입으로 인한 기존 주민의 거부감과 두려움에 맞서야 했고, 다양한 문화 간의 충돌로 인한 갈등을 해결해야 했다. 현재도 이따금 내재한 갈등의 요소들이 표면으로 표출되는 것을 보기도 한다. 하지만 중요한 것은, 이러한 시행착오를 겪을 때마다 주민들은 서로 열린 자세로 대화하며, 이해하며, 포용하는 방법을 하나씩 배우며 연습해나갔다는 사실이다. 그리고 결과적으로 이러한 노력을 통해 환영과 환대의 문화가 자리 잡게 되었다.

이러한 노력의 중심에는 이방인을 환대하라는 성경의 가르침으로 무장한 그리스도인들과 기독교 단체들이 있다. 이들은 선교, 교육, 난민정착지원, 사회적 기업 등 각자의 분야에서 활동하며, 서로의 방식과 생각의 비본질적인 차이를 존중하는 가운데 어떻게 하면 더욱 본질적인 하나님 나라의 문화인 공존과 환영을 함께 실천해 나갈 수 있을까 함께 모여 고민한다. 이 중 이 책의 저자들이 활동하는 월드릴리프는 공항에서부터 난민을 환영하고 그들이 머물 거처를 마련해주며 영어교육 프로그램이나 직무교육을 제공하는 등 지역교회와 협력하여 난민들의 정착과 자립을 돕는다. 이처럼 나는 교회가 앞장서서 지역 주민과 사회에 환대의 문화를 키워나가는 동시에 더 큰 맥락 속에서 우리 곁에 온 이방인들을 보호하는 역할을 해나가는 모습을 보며, 세상 속 그리스도인의 소명에 대한 부분적인 답을 얻게 된 것 같다.

2018년 초여름, 한국 사회는 전쟁과 그에 따른 기근을 피하던 도중 제주도에 닿은 500여 명의 예멘인으로 인해 떠들썩했다. 이는 난민이 많이 발생하는 중동, 아프리카 등지와는 물리적 거리가 떨어져 있어 난민이라는 주제를 주로 타자의 문제로 여겨온 우리의 안일한 인식에 경각심을 일깨워 주는 계기가 되었다. 또한, 비록 아시아 최초로 난민법을 제정한 국가라는 타이틀에도 불구하고, 우리가 얼마나 난민을 받아들일 준비가 부족한지, 나아가 이들을 향한 대중의 인식 또한 얼마나 오해와 편견으로 가득 차 있는지 여실히 드러나는 계기이기도 하였다.

강도 만난 자와 같이 되어 우리를 찾아온 이들을 위해 어느 때보다도 한국의 교회가 나서야 할 때였다. 하지만 오히려 일부 교회와 그리스도인 사이에서 더욱 이들을 향한 유언비어와 편견이 퍼져 나가는 모습을 보며, 한국 교회와 사회에 난민을 향한 올바른 이해가

절실하다는 필요를 느끼게 되었다. 그러던 중 최근 비슷한 맥락 속의 미국에서 먼저 그 필요를 보고 쓰인 이 책, 「교회, 난민을 품다」가 현재 한국에 매우 적합하며 필요하다는 생각이 들어 소개하게 되었다. '이민자의 나라'인 미국에서 오랫동안 시행착오를 통해 쌓인 풍부한 난민 재정착의 경험은 이제 막 이를 마주해 나가는 한국 교회와 사회에 귀한 길잡이가 될 것이라 믿는다.

많은 고민을 안고 제주도에 방문했을 때, 나는 오히려 한국 교회에 대한 놀라운 희망을 현장에서 목격하였다. 바로 수많은 그리스도인과 교회가 이번 사태와 관련하여 기민한 조직력과 사랑으로 연대하여 전쟁의 고통에 신음하는 예멘인들에게 따뜻한 안식처가 되어 주고 있었던 것이다. 아무리 바깥으로 시끄러워도 하나님은 곳곳에 숨겨두신 그분의 자녀들을 통해 조용히, 그리고 성실히 일하고 계심을 직접 눈으로 확인하며, 결국 교회가 이 사회의 소망이라는 사실을 다시금 되새기게 되었다. 실제로 예멘인들이 직접 맞닥뜨리고 관계하는 한국인들 또한 대부분 그리스도인이었으며, 이로 인해 예멘인들은 한국 사회의 냉대에 상처를 입기보다, 한국 교회와 사회의 환대에 대한 깊은 감사를 지니고 있었다.

 복음은 모든 인종, 계층, 성별 간의 구분을 허물어뜨려 그리스도 안에서 하나가 되게 한다(갈 3:28). 이 복음의 하나 되게 하는 능력을 알고, 가진 이들이 그리스도인이기에, 우리 곁에 온 난민을 향한 두려움과 차별이라는 견고한 진에 균열을 일으키는 것도, 또한 등잔 위의 불처럼 이들을 환대하는 착한 행실을 통해 하나님의 나라와 영광의 빛을 그 균열 사이로 비추는 것이(마 5:16) 우리의 역할이며 부르심이라고 믿는다.

 이 책을 읽는 모든 사람이 그 부르심을 다시 되새기며, 누구나 환영받는, 그로 인해 더욱 풍성해진 다채로움으로 하나님을 함께 예배하는, 그런 하나님의 나라를 함께 꿈꾸게 되기를 소망한다.

2019년을 기대하며 미국 애틀랜타에서
김종대

교회, 난민을 품다

초판인쇄 • 2019년 2월 20일
초판발행 • 2019년 2월 25일

지은이 • 스티븐 바우만, 매튜 소렌스, 이쌈 스메어
옮긴이 • 김종대
발행인 • 임용수
대표 • 조애신
책임편집 • 이소연
편집 • 이소정
디자인 • 임은미
마케팅 • 전필영
온라인마케팅 • 고태석
경영지원 • 김정희, 조창성

발행처 • 도서출판 토기장이
주소 • 서울시 마포구 망원로 26 토기장이 B/D 3F
출판등록 • 1990년 10월 11일 제2-18호
대표전화 • (02) 3143-0400
팩스 • (02) 3143-0646
E-mail • tletter@hanmail.net
www.facebook.com/togijangibook

ISBN 978-89-7782-411-9

값 14,000원

"우리는 진흙이요 주는 토기장이시니
 우리는 다 주의 손으로 지으신 것이라"
                (이사야 64:8)

「이 도서의 국립중앙도서관 출판예정도서목록(CIP)은 서지정보유통지원시스템 홈페이지(http://seoji.nl.go.kr)와 국가자료종합목록시스템(http://www.nl.go.kr/kolisnet)에서 이용하실 수 있습니다. (CIP제어번호 : CIP2019004310)」